BELLAS PARA MORIR

Esther Pineda G.

BELLAS PARA MORIR

Estereotipos de género y violencia estética contra la mujer

prometeo
libros

Pineda, Esther
Bellas para morir : estereotipos de género y violencia estética contra la mujer / Esther Pineda. - 1a ed. - Ciudad Autónoma de Buenos Aires : Prometeo Libros, 2020.
184 p. ; 23 x 16 cm. - (Género)

1. Mujeres. 2. Estudios de Género. 3. Violencia Simbólica. I. Título.
CDD 305.42

Diseño de tapa: Nina Turdo

Diagramación: MSL

Corrección: Julieta Rimoldi García

Pringles 521 (C11183AEJ), Buenos Aires, Argentina

Tel.: (54-11)4862-6794 / Fax: (54-11)4864-3297

editorial@treintadiez.com

www.prometeoeditorial.com

No está mal ser bella,
lo que está mal es la obligación de serlo.

Susan Sontag

Índice

Introducción

En la mitología griega, Procusto <<Prokroústês>> —el hijo de Poseidón—, conocido como "el estirador", pero también como Damastes "el controlador", tenía una mansión en las colinas y con frecuencia ofrecía posada a los viajeros solitarios. Mientras sus víctimas dormían, Procusto las amordazaba y ataba a las cuatro esquinas del lecho, si los cuerpos excedían los límites de la cama, cortaba de un hachazo la parte sobrante, fuese la cabeza, las manos, los brazos, las piernas o los pies; si, por el contrario, los cuerpos de los invitados eran más pequeño que la extensión del lecho fatal, el aterrador anfitrión los descoyuntaba a martillazos, los estiraba y extendía hasta que dieran con la longitud exacta. De este modo, el cruel uniformador mutilaba o estiraba sin distinciones o compasiones a cualquiera que tuviese una estatura diferente a sus dimensiones preferidas, porque no perdonaba que alguien no encajara en el molde que caprichosamente había construido.

Pero esta medición, sujeción, dominio y mutilación de las personas del cual fue garante Procusto en la mitología griega, parece no estar alejada de la realidad. En las sociedades que conocemos, el rol castrador del tenebroso hijo de Poseidón ha sido asumido por el patriarcado, y las víctimas de sus fatales torturas son las mujeres, sobre quienes se ejerce una implacable censura y coacción; al mismo tiempo que se les exige la mutilación de sus cuerpos con el fin de satisfacer la caprichosa expectativa de belleza que les ha sido impuesta.

Este hecho puede evidenciarse en las diferentes etapas del proceso histórico y en las diversas formas organizativas de la sociedad, donde los hombres han creado los cánones de belleza, donde durante siglos han esculpido, pintado, escrito y poetizado sobre la belleza que ellos han diseñado e impuesto a las mujeres como requisito imprescindible para demostrar su feminidad.

Sin embargo, durante los siglos XX y XXI las concepciones sobre la belleza se han difundido masivamente a través de diferentes agentes socializadores, como los medios de comunicación y difusión masiva, los cuales bombardean sistemática y repetidamente a las mujeres con las imágenes inalcanzables de actrices, modelos y cantantes arbitrariamente definidas como "representantes de la belleza". Estas imágenes mediatizadas le dicen constantemente a las mujeres en la vida cotidiana cómo deben verse y qué características poseen o deben poseer las mujeres para ser consideradas bellas; mensajes que son reforzados en otras instituciones y agentes de socialización, y que son reproducidos y expresados en los espacios públicos y privados por parte de la familia, los grupos de pares y la pareja.

Pero esto no es un hecho casual, azaroso o espontáneo, la industria de la belleza ha construido y difundido de forma masiva una estética moldeada, prefabricada, manufacturada, y les ha vendido a las mujeres la idea de que la belleza es el medio que garantiza el éxito económico, social y amoroso, por lo cual al transformar su cuerpo podrán ser aceptadas, queridas y reconocidas por sus grupos de pares, sus familiares, sus amigos y su pareja. Esto, aunado al desarrollo de la industria cosmética, farmacológica y médica, y a la masificación y democratización de las modificaciones estéticas —las cuales se hicieron accesibles a amplias capas de la población de distintas clases sociales— mediante el abaratamiento de sus costos, ha tenido como consecuencia un *boom* en la realización de estos procedimientos. Empero, los únicos beneficiarios son los hombres, pues son satisfechos sus imaginarios, al mismo tiempo que se acrecientan las ganancias de las industrias que dirigen y se enriquecen a partir de los complejos, el sufrimiento y las inseguridades de las mujeres.

Por su parte, la mujer es receptora de estos mensajes donde se insiste en una belleza claramente sexista, racista, gerontofóbica y gordofóbica, que le dice que debe lucir como estas mujeres prefabricadas y, tras ser criticada por no lucir como las mujeres que muestran los medios y los concursos de belleza, se compara con lo que ve y experimenta el declive de la autoestima y la confianza, así como una recurrente sensación de inseguridad y ansiedad.

En este contexto, se convierte en un reto para las mujeres ejercer resistencia y no sucumbir a la presión de la belleza canónica, pues, quienes no se adecuan al imaginario de "lo bello", construido, transmitido y reproducido por los discursos y representaciones de los medios de comunicación, se expone a la sanción social expresada en críticas, cuestionamientos, burlas y rechazo. Ante esta situación, algunas mujeres, para adecuarse a ese canon estatuido y satisfacer esas expectativas estéticas de la sociedad, se ven motivadas a consumir los productos y servicios que le son ofrecidos por la industria de la belleza en cada valla, en cada canal y en cada revista que pueda mirar.

No obstante, en las últimas décadas esto ha despertado las alarmas en especialistas de las diferentes disciplinas, dado que, por un lado se presenta como un mecanismo para perpetuar la dominación masculina, mantener a las mujeres sujetas en los espacios privados, ocupadas, distraídas y alejarlas de los espacios de poder y toma de decisión; pero también ha generado gran preocupación, porque estas exigencias de belleza están poniendo en riesgo la vida de una cantidad significativa de mujeres, ya sea por el padecimiento de trastornos alimenticios, así como por los riesgos y consecuencias de su sometimiento a distintos productos y servicios de la industria cosmética, farmacológica y quirúrgica.

Algunas mujeres recurren a productos y servicios que van desde simples cosméticos, como las cremas antiedad, las cremas anticelulíticas, los tintes para el cabello, el lápiz labial y las fajas, hasta las estrategias no quirúrgicas, como las dietas, los entrenamientos y vestimenta. Empero, la gran mayoría de las mujeres opta por consumir fármacos supresores del apetito, aplicarse cremas aclaradoras de la piel, someterse a procedimientos invasivos, riesgosos y prohibidos para modificar y "mejorar" su aspecto físico, como la aplicación de sustancias que no son de uso médico como los biopolímeros, o la realización de intervenciones quirúrgicas como el *lifting*, la liposucción, los implantes de glúteos o de senos; practicas procustianas que consisten en poner o quitar, cortar o alargar, aumentar o reducir, prescindir o agregar, aclarar o broncear, alisar o enrollar, aprisionar o liberar partes del cuerpo, las cuales en muchos casos han puesto en riesgo sus vidas y han llevado a muchas otras a la muerte.

Pese a ello, muchas mujeres desconocen qué se esconde tras la decisión de manipulación de su cuerpo a través de dietas, rutinas de ejercicios, intervenciones quirúrgicas invasivas e inyección de biopolímeros; la mayoría de las mujeres que se someten a estos procedimientos estéticos continúan afirmando que su elección es autónoma, un medio para sentirse bien con su cuerpo y de aumentar su autoestima. Desconocen que lo que consideran belleza ha sido construido e impuesto con fines políticos, económicos, sociales y comerciales, en el contexto de una sociedad patriarcal que considera a la mujer un objeto y un sistema capitalista que la considera un negocio; que exige y promueve en las mujeres la modificación estética y corporal, y que las induce a estar bellas para morir.

Capítulo 1

Un recorrido por la historia de la belleza

En la actualidad, con frecuencia se hacen manifiestas las discusiones sobre la cosificación de las mujeres en la sociedad, algunos aducen que esta siempre ha existido, es decir, que es un fenómeno presente a lo largo del proceso histórico social, mientras que para otros ha sido construida, reproducida, transmitida y masificada desde finales del siglo XX y comienzos del siglo XXI a través de los medios de comunicación y difusión masiva. De acuerdo a ello, los medios han cosificado e hipersexualizado a las mujeres, y han cotidianizado e institucionalizado patrones y cánones de belleza únicos que progresivamente han cobrado más fuerza en la vida de las mujeres, socavando su identidad y limitando sus posibilidades de acción y transformación social.

No obstante, resultaría reduccionista adjudicar exclusivamente a la organización actual y mediatizada de la sociedad la situación de cosificación, hipersexualización, preeminencia y sobrevaloración estética de las mujeres, pues, contrario a lo que se cree, las exigencias de belleza impuestas sobre ellas es posible rastrearlas y ubicarlas tempo-espacialmente desde la antigüedad. La diferencia fundamental radica en que, en la sociedad contemporánea, estas exigencias estéticas feminizadas han encontrado otras narrativas a través de las cuales manifestarse, perfeccionando, tecnificando y masificando sus discursos y representaciones de acuerdo a la época, la cultura y las formas organizativas de la sociedad.

Las representaciones del cuerpo femenino en la prehistoria

Las primeras representaciones humanas de las que se tiene registro datan del periodo paleolítico superior (30000 a.e.c.), y fueron fundamentalmente pequeñas estatuillas femeninas en las cuales se hacía un significativo énfasis en la condición sexual y reproductiva; específicamente en lo que respecta a las etapas de fertilidad, concepción y nacimiento, mediante la exacerbación de algunas zonas del cuerpo de la mujer como lo son los senos, las caderas, el vientre y los muslos. No obstante, como bien señala Teresa Mayor (2011) en su trabajo *La imagen de la mujer en la prehistoria y en la protohistoria*, estas figuras poseían unas características físicas muy específicas: cuerpo obeso, grandes mamas, barriga enorme y nalgas prominentes.

Entre estas, es posible mencionar la figurilla conocida como la *Venus de Lespuge* (27000-16000 a.e.c.), la *Venus de Willendorf* (24000-22000 a.e.c.), la *Venus de Laussel* o también conocida como la *Venus del Cuerno* (22000-18000 a.e.c.), la *Venus de Grimaldi* (22000 a.e.c.), la *Venus de Dolní Vestonice,* también denominada *Venus Negra* (20000 a.e.c.), y la *Venus de Kostenki* (23000-21000 a.e.c.), entre otras.[1] Además, este periodo se caracterizó por la preeminencia y sobrevaloración del cuerpo, la cual se hizo manifiesta con la recurrente invisibilización de los rostros en las figurillas, con excepción de la *Venus XV de Vestonice* (26000 a.e.c.) y la *Venus de Brassempouy*, también referenciada como *La dama de la capucha* (22000 a.e.c.).[2]

[1] Afirma Cristina Masvildal (2006) que la arqueología feminista rechaza totalmente el uso del nombre de la diosa romana de la belleza y del amor Venus porque está connotada por dos sentidos: la idea de que las estatuillas paleolíticas encarnan a una diosa; y la idea de que las figuras femeninas prehistóricas responden al ideal de belleza de los hombres prehistóricos, hecho del cual no se tiene ninguna evidencia.

[2] La *Venus XV de Vestonice* y la *Venus de Brassempouy* son las únicas figuras femeninas de este periodo que cuentan con rostro, además, también llama la atención que son las únicas figuras que no poseen cuerpo.

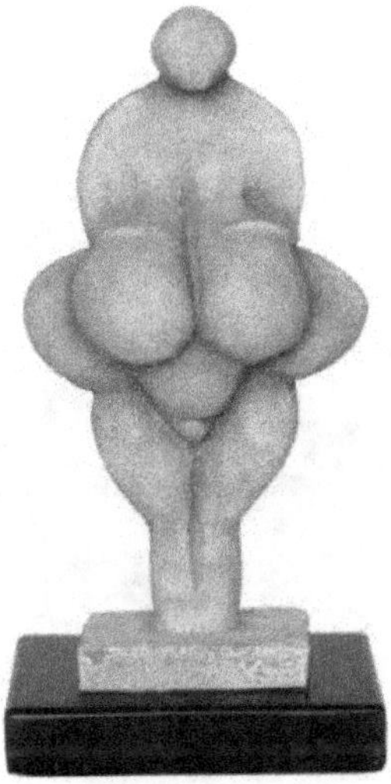

Venus de Lespuge (27000-16000 a.e.c.).

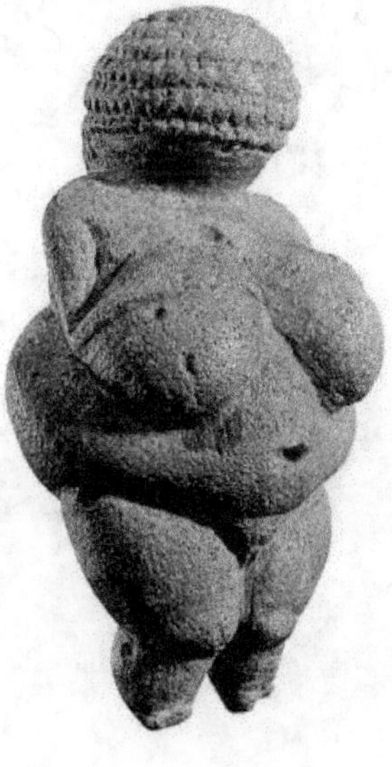

Venus de Willendorf (24000-22000 a.e.c.).

Venus de Laussel o *Venus del Cuerno* (22000-18000 a.e.c.).

Venus de Grimaldi (22000 a.e.c.).

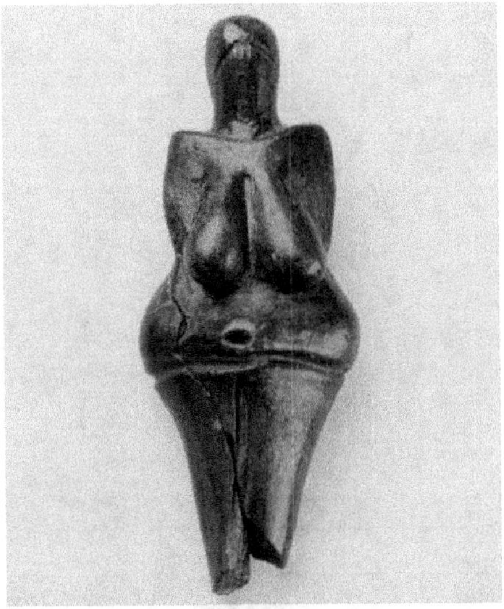

Venus de Dolní Vestonice o *Venus Negra* (20000 a.e.c.).

Venus de Kostenki (23000-21000 a.e.c.).

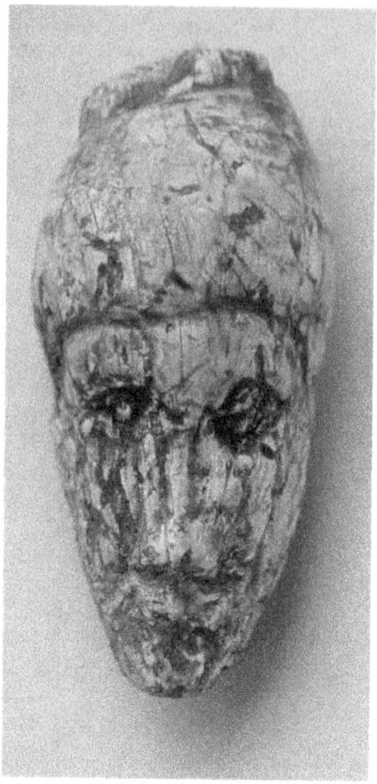

Venus XV de Vestonice (26000 a.e.c.).

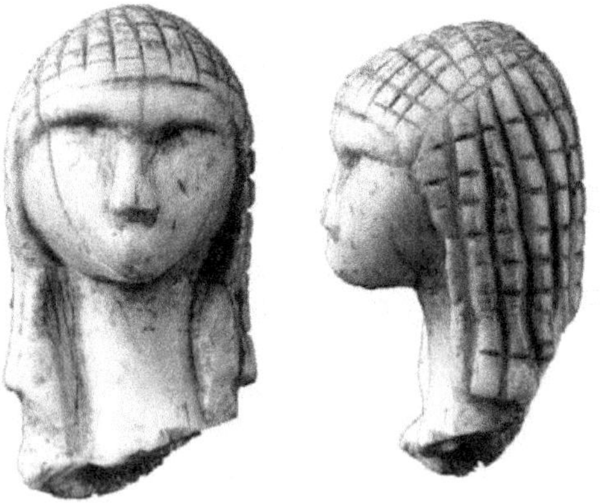

Venus de Brassempouy o *Dama de la capucha* (22000 a.e.c.).

Algunos investigadores afirman que estas figurillas de cuerpos robustos y voluminosos, carnes rollizas y flácidas, senos grandes, redondos y caídos, vientres abultados y notables, caderas anchas y prominentes, glúteos destacados, y piernas cortas, redondas y gruesas, pueden considerarse como las primeras evidencias de la existencia del primer canon de belleza femenina de la humanidad; es decir, como el conjunto de características que una sociedad considera convencionalmente hermosas o atractivas. Desde esta perspectiva, el estereotipo de belleza femenina prehistórico se caracterizó por estar desprovisto de idealizaciones, construido en torno al cuerpo femenino en su estado natural, y en el cual la fertilidad y los signos de haber engendrado y amamantado no son despreciados, por el contrario, son reconocidos y celebrados.

No obstante, algunos investigadores, como Cristina Masvidal (2006) en su ensayo *La imagen de las mujeres en la prehistoria a través de las figuritas paleolíticas y neolíticas*, rechazan categóricamente la idea de que estas figurillas son representaciones del ideal estético o erótico de la mujer u objetos pornográficos prehistóricos realizados por y para los hombres; al mismo tiempo rescata que Leroi McDermott en 1996 afirmó que en realidad estas figuritas eran autorretratos, es decir, que habían sido elaboradas por las propias mujeres:

> Su argumento se basaba en que la forma extraña y desproporcionada de las estatuillas reflejaría la mirada —estrictamente óptica— de las mujeres al observar su propio cuerpo, una mirada físicamente sesgada, puesto que nadie puede observar ciertas partes de su cuerpo sin la ayuda de un espejo, y otras partes puede observarlas pero de manera deformada. Además, la variabilidad de las formas entre las figuritas se explicaría porque serian autorretratos de mujeres en diferentes fases vitales: adolescentes, mujeres encinta, mujeres mayores obesas, etc. Este autor argumentó más allá, enmarcando estas pequeñas creaciones en un momento que habrían protagonizado las mujeres del paleolítico, en que se estaría dando un proceso de autoconocimiento del cuerpo femenino. (Masvidal, 2006, p. 41)

El rechazo de la idea que afirma la existencia de un canon de belleza en la prehistoria también es compartida por el sociólogo Gilles Lipovetsky (1999), quien en su libro *La tercera mujer* afirma que en las venus antiguas solo han sido destacadas las partes del cuerpo implicadas en la perpetuación de la especie y no expresan en lo más mínimo una idolatría estética hacia las mujeres; es decir, estas figuras solo suponen el reconocimiento de la función sexual y reproductora de las mujeres. Esta tesis tiene sus adeptos, algunos académicos señalan que la desnudez de los cuerpos, la exaltación de la genitalidad y de los atributos sexuales de las estatuillas permiten identificar la importancia dada por estas sociedades a la sexualidad, la fertilidad y la fecundidad, dado que, como afirma Henry Delporte (1993), es la mujer la que asegura la renovación y la subsistencia de la especie a través de la maternidad.[3]

Finalmente, un último grupo apunta a atribuir a estas representaciones iconográficas un carácter sagrado, entre estos se destaca el historiador Robin Winks (2000), quien considera que las venus de piedra pueden indicar el paso de las estaciones y sus etapas de fertilidad, concepción y nacimiento. Este hecho pondría de manifiesto el poder e importancia que detentaron las mujeres en estas sociedades —idea reforzada por la inexistencia de estatuillas masculinas— y que se expresó en la sobrevaloración de las deidades femeninas en las religiones paganas politeístas.[4]

El canon de belleza en la Edad Antigua

Es en el antiguo Egipto donde se definió el primer estereotipo de belleza del que se tiene registro en la humanidad, así como, donde puede ubicarse inicialmente el interés social por el acicalamiento. La exacerbada preocupación de los egipcios por lo armónico y lo perfecto les permitió establecer el puño como unidad de medida del canon de belleza, de este modo, se determinó que la estatura perfecta para las personas era 18 puños: 2 para el rostro, 10 desde los hombros hasta las rodillas y los 6 restantes para las piernas y los pies. Se privilegiaron los cuerpos delgados, esbeltos y, en el caso específico de las mujeres, se promovieron los hombros estrechos, las caderas anchas, los muslos y glúteos grandes y la cintura pequeña pues, "la figura femenina ideal, en el mandato de

---

[3] Señala Cristina Masvidal (2006) que el modelo de figurita femenina prehistórico es de estilo naturalista y, según el estudio publicado por J.P. Duhard en 1993, alrededor del 70% de los ejemplares franceses muestran un estado de gestación avanzado.

[4] Como señalo en el libro *Roles de género y sexismo en seis discursos sobre la familia nuclear* (2011), las religiones basadas en la supremacía femenina fueron dominantes durante los estadios primitivos, con lo cual autores como Bachofen (1861) y Fromm (1952) han categorizado como una fase matriarcal de la religión, anterior a la patriarcal, por lo menos en muchas culturas. En esta fase matriarcal, el ser superior es la madre y la diosa; sin embargo, en la fase patriarcal y monoteísta la madre perdió su posición suprema y la condición de deidad; de este modo, como afirman Bachofen y Fromm, el padre fue convertido en el "ser supremo", tanto en la religión como en la sociedad.

Akhenatón, es joven, delgada, con el vientre, nalgas y muslos protuberantes. El cuerpo es cubierto con ligeras vestiduras" (Agudelo, 2015, p. 146).

Por su parte, en lo que respecta al rostro, como ha señalado Rodríguez (2000) en su trabajo *Evolución histórica de los conceptos de belleza facial*, los egipcios consideraban estéticas las caras redondas y anchas, con frentes inclinadas sobre un cuello alto y esbelto, ojos prominentes y almendrados, narices de contornos suaves, labios grueso y un mentón suave pero marcado.

Pero en este periodo no bastaba con la belleza otorgada por los dioses y se apeló a la estricta higiene personal, el maquillaje,[5] los peinados, el teñido del cabello, las pelucas y los afeites para mejorar el aspecto físico. Si bien es cierto que su empleo estuvo condicionado por el estrato social, se popularizó la depilación extrema, la exfoliación, la dermoabrasión corporal con arena del desierto, la hidratación corporal con leche, el uso de aceites perfumados tras el baño, los ungüentos para combatir la transpiración, la aplicación de mascarillas faciales y polvos para emblanquecer el rostro, el pintado de los labios con compuestos elaborados a partir del óxido de hierro y ocre rojo, el uso del *khol*[6] para delinear los ojos y las cejas, y la decoración de las uñas de las manos y los pies con alheña;

[5] El maquillaje ocupaba un lugar privilegiado en la sociedad egipcia, el cual no desaparecía con la muerte: "Los egipcios creían no solo en el cuerpo y en el alma, sino además en el *ka*, el principio vital indestructible de cada persona, el cual abandona el cuerpo en el momento de la muerte, pero algunas veces podía regresar. Esta es la razón por la que los egipcios conservaban el cuerpo mediante la momificación, a fin de que el *ka*, a su regreso, no lo encontrase descompuesto. Y es por ello que los egipcios llenaban las tumbas de los muertos con todos los objetos que el *ka* podría necesitar o disfrutar cuando regresase al cuerpo". (Winks, 2000, p. 15). En el caso que nos ocupa, esto explica por qué durante las búsquedas arqueológicas se han encontrado entre las tumbas bolsas y recipientes con ungüentos y cosméticos que eran enterrados con los muertos.

[6] Según señala Rebecca Kreston (2012) en el artículo "*Ophthalmology of the Pharaohs: Antimicrobial Kohl Eyeliner in Ancient Egypt*", el *kohl* poseía potentes propiedades farmacéuticas, antibacterianas y antimicrobianas, se aplicaba generosamente alrededor de los ojos para reducir el resplandor del sol, repeler las moscas, atrapar el polvo, la suciedad errante y proporcionar un alivio refrescante del calor. El *kohl* estaba compuesto principalmente por el mineral galena, un producto oscuro a base de plomo metálico que también se conoce con el nombre químico de sulfuro de plomo. El mineral se trituraba y se mezclaba con otros ingredientes como perlas molidas, rubíes y esmeraldas, hojas de plata y oro, incienso, coral y hierbas medicinales como el azafrán, el hinojo y el neem, los cuales eran diluidos en líquidos como aceite, goma, grasas animales, leche o agua para solubilizar el plomo y ayudar en su eventual manchado facial. Sin embargo, esta exigente preparación era accesible solo a los faraones y las elites egipcias, la población con menos recursos económicos se vio en la necesidad de realizar una máscara que se le asimilara a base antimonio y hollín.

belleza corporal que era enriquecida con llamativas joyas como collares y pulseras, los tocados para el cabello y la suntuosa vestimenta.

No obstante, aunque en el antiguo Egipto la belleza se configuró como una exigencia para los hombres y las mujeres, el estereotipo de belleza faraónico pasó a la historia encarnada en las mitificadas e idealizadas figuras de Nefertiti (1370-1330 a.e.c.)[7] y Cleopatra (69-30 a.e.c.);[8] sin embargo, es importante acotar que las imágenes más conocidas que se tienen de las mujeres en el antiguo Egipto son de aquellas que detentaron el poder en el referido periodo, por lo cual no existen certezas respecto a si fueron inmortalizadas por su belleza o por su importancia política y social.

Busto de Nefertiti (1330 a.e.c.), Tutmose.

[7] Neferneferuatón Nefertiti, gran esposa real del Faraón Akhenatón, cuyo nombre significa "la bella de las bellas ha venido", destacó en su época por su armoniosa y equilibrada belleza: una figura delgada y esbelta, un largo cuello de cisne, nariz perfilada, ojos almendrados, pómulos prominentes, barbilla fina y labios bien definidos y carnosos.

[8] Cleopatra VII, faraona de Egipto tras la muerte de su padre Ptolomeo XII en el año 51 a.e.c., se convirtió en un ícono estético de Egipto por su gran poder de seducción, pero investigadoras como Teresa Bedman (2016) afirman que Cleopatra no fue tan "bella" como han pretendido mostrarla la literatura y el cine. Hasta la fecha no existe claridad sobre su imagen física debido a las diversas e incompatibles representaciones difundidas de su rostro; empero, en todas las representaciones conocidas es posible hallar elementos en común como un rostro redondeado, un ligero bocio, ojos grandes y labios gruesos de contornos bien definidos.

Busto de Cleopatra (240-200 a.e.c.).

Umberto Eco (2010), en su libro *Historia de la belleza*, afirma que los griegos al menos hasta la época de Perícles (495-429 a.e.c.) carecían de una auténtica estética y de una teoría de la belleza. No obstante, fue en la antigua Grecia que se introdujo el concepto de *aisthetike* (estética), que significó en su acepción original: sensación de placer, agrado y sentimientos de satisfacción a través de la contemplación y percepción de los sentidos.

Las primeras consideraciones en torno a la belleza en la antigua Grecia pueden atribuirse a Hesíodo (700 a.e.c.), quien contaba que en las bodas de Cadmos y Armonía celebradas en Tebas las musas cantaron en honor a los novios "el que es bello es amado, el que no es bello no es amado". Esta línea de pensamiento fue reproducida por la poeta Safo de Mitilene, conocida como Safo de Lesbos (650/610-580 a.e.c.), quien escribía "bello es lo que se ama". Estos pensamientos dan cuenta de la valoración de la belleza en la sociedad griega, así como, de su estrecha relación con el amor, pues, desde esta perspectiva, se hacía merecedor de belleza quien era amado, pero también se hacía merecedor del amor quien poseía belleza.

En este período, los griegos postularon una diversidad de concepciones sobre la belleza, entre los pioneros de estas profundas disertaciones en la sociedad griega desde la filosofía aparece Heráclito (535-484 a.e.c.), quien consideraba que todas las cosas son bellas, justas y es de las cosas discordantes desde donde surge la más bella armonía; de este modo, para el filósofo, la valoración y atribución a las cosas de bellas o no bellas, justas o injustas, proviene de las personas, es decir, las valoraciones de esta naturaleza son siempre de carácter subjetivo. A este le seguiría Pitágoras (580-500 a.e.c.), para quien la belleza y la fealdad, la perfección y la imperfección estaban determinadas por las matemáticas —las cuales para el filósofo constituyeron el principio de todas las cosas—; de este modo, los pitagóricos:

> Veían en los números las razones y proporciones de la armonía. Viendo, pues, que todo estaba formado a semejanza de los números (...) pensaron que los elementos de los números son los elementos de todos los seres y que la totalidad del cielo era armonía y número. (Aristóteles, 1997, p. 10)

Por su parte, el pensamiento postsocrático asoció la belleza a la virtud y las distintas etapas de la vida. Para Jenofonte (43-354 a.e.c.), existían tres tipos de belleza: la belleza ideal (que representa la naturaleza a través de una composición de las partes), la belleza espiritual (que expresa el alma a través de la mirada) y la belleza útil o funcional. En el caso de Platón (427-347 a.e.c.), este consideraba que la belleza no era una condición física, por el contrario, su génesis era la participación del sujeto en la idea del bien y la virtud, constitutiva de valores éticos, como la bondad, la justicia[9] y el conocimiento; por ello prescribía:

> El que quiera llegar a este fin por el camino verdadero debe empezar a buscar los cuerpos bellos y hermosos desde su edad temprana; si está bien dirigido, debe también no amar más que a uno solo y engendrar bellos discursos en el que haya elegido. A continuación, deberá llegar a comprender que la belleza que se muestra en un cuerpo cualquiera es hermana de la que se encuentra en todos los otros. En efecto, si hay que buscar la belleza en general, sería una verdadera locura no creer que la belleza que reside en todos los cuerpos es una e idéntica. Una vez penetrado de este pensamiento, deberá mostrarse amante de todos los cuerpos bellos y despojarse, como de una menospreciada futesa, de toda pasión que se encontrara en uno solo. Después aprenderá a estudiar la belleza del alma, considerándola mucho más preciosa que la del cuerpo, de tal manera que un alma bella, aun en un cuerpo privado de atractivos, basta para atraer su amor y su interés y para hacerle engendrar en ella los discursos más a propósito para

---

[9] Relata Umberto Eco (2010) que ante la pregunta sobre el criterio de valoración de la belleza, el oráculo de Delfos respondió: «Lo más justo es lo más bello».

> el perfeccionamiento de la juventud. Por este medio, se verá forzosamente obligado a contemplar la virtud que se encuentra en las acciones de los hombres y en las leyes y a ver que esa cualidad es idéntica a ella misma en todas partes, y, por consiguiente, a hacer poco caso de la belleza corporal. De los actos de los hombres pasará a las ciencias para contemplar su belleza, y entonces, con un concepto más amplio de lo bello, no estará ya encadenado como un esclavo en el estrecho amor de un mancebo o adolescente, de un hombre o de una sola acción, sino que, lanzado al océano de la belleza y alimentando sus ojos con el espectáculo, engendrará con inagotable fecundidad los discursos y pensamientos más bellos de la filosofía hasta que, habiendo fortificado y aumentado su espíritu con esta sublime contemplación, no vea más que una ciencia: la de lo bello. (Platón, 2007, p. 270-271)

Mientras que para Aristóteles (384-322 a.e.c.), según afirma en su *Retórica*, la belleza se encuentra estrechamente relacionada con las diferentes etapas de la vida. Para el filósofo, la belleza durante la juventud consiste en tener un cuerpo útil parar los ejercicios fatigosos y que resulte placentero de ver para los demás, la belleza en la edad adulta tiene que ver con la aptitud física para participar en la guerra y con que el cuerpo resulte agradable y temible al mismo tiempo; y, finalmente, considera que la belleza en la vejez depende de la capacidad para resistir las fatigas y estar libre de dolores para no sufrir los padecimientos que aquejan durante la ancianidad.

Pero pese a la diversidad interpretativa sobre la belleza, fue la concepción matemática desarrollada por el pensamiento pitagórico la que se hizo manifiesta en el canon de la corporeidad establecido en la antigua Grecia, donde una persona —hombre o mujer— era considerada bella siempre y cuando las medidas de todas las partes de su cuerpo fueran simétricas, proporcionales, equilibradas y armónicas; por su parte:

> El rostro griego clásico es ovalado, se afina ligeramente hacia el mentón y descubre una frente prominente hacia adelante, amplia y despejada; con un surco mentolabial bien marcado y un mentón lleno y convexo. Los rostros de hombres y mujeres eran igualmente atractivos, pues la humanidad de la persona era más importante que el propio sexo. Una frente muy amplia no era bella para los griegos, por lo que usaban el cabello para cubrir una parte considerable de la porción superior del rostro. (...) La nariz era recta, descendiendo desde la frente hasta el extremo de la misma, dejando una pequeña concavidad en la raíz de la nariz. El labio superior es curvado

y el labio inferior muestra una forma ligeramente enrollada y es algo más sobresaliente que el superior. (Rodríguez, 2000, p. 158)

En esta época específica, el canon de belleza privilegió lo masculino,[10] fundamentalmente los cuerpos atléticos, tonificados, definidos, musculosos y viriles de los atletas, gimnastas y guerreros; cuya desnudez era recurrente y a quienes, al igual que a los dioses, se les atribuyeron cualidades como: el equilibrio, la voluntad, el valor, el control, la virtud y, por tanto, lo bello. En este contexto, el escultor Policleto (450-440 a.e.c.), basándose en cálculos matemáticos, estableció que el cuerpo debía medir siete veces el tamaño de la cabeza, alcanzando así un equilibrio rítmico entre las partes y el conjunto. Más tarde, Lisipo (390-318 a.e.c.) propuso un canon de belleza más esbelto y delicado, con una medida de ocho cabezas de altura, y a este le seguiría Praxíteles (400-320 a.e.c.) quien, según Susan De la Cruz (2015), añadió la curvatura del cuerpo como un valor espontáneo para una "belleza real". Concepciones de belleza que fueron representadas en emblemáticas esculturas como *Los Kuroi,*[11] *El Discóbolo* y *El Doríforo.*

---

[10] En la antigua Grecia, se exaltó la imagen masculina por encima de la femenina, lo cual puede explicarse como consecuencia de una mayor valoración y estima social hacia el hombre en el contexto de una organización social androcéntrica. En este periodo, a la mujer se le consideró una versión desfigurada del hombre; al respecto, afirma Giles Lipovetsky (1999), en su libro *La tercera mujer*, que para los griegos la mujer era una terrible plaga instalada entre los hombres mortales, un ser hecho de ardides y mentiras, un peligro temible que se oculta bajo los rasgos de la seducción.

[11] *Los Kuros* o *Kuroi* son las estatuas de hombres jóvenes que datan del periodo arcaico griego y evidencian una gran influencia de la cultura egipcia. Se caracterizan por la adecuación de sus cuerpos a formas estrictamente geométricas y esquemáticas, principalmente en la zona muscular de los brazos, el torso y las piernas; portan el cabello largo trenzado sobre los hombros, muestran una suave sonrisa y sus ojos almendrados recuerdan a las representaciones masculinas del antiguo Egipto.

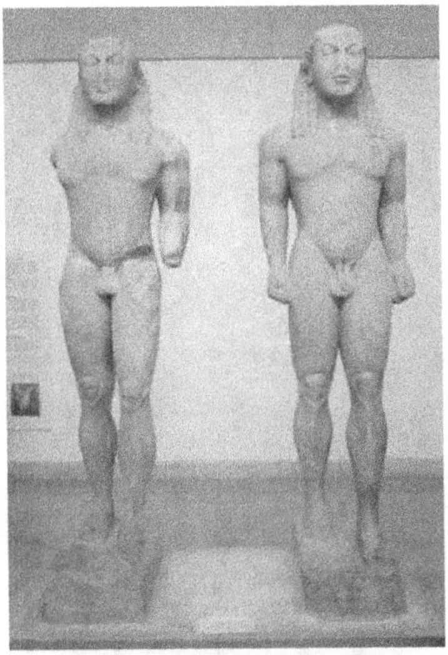

Los Kuroi (650-500 a.e.c.).

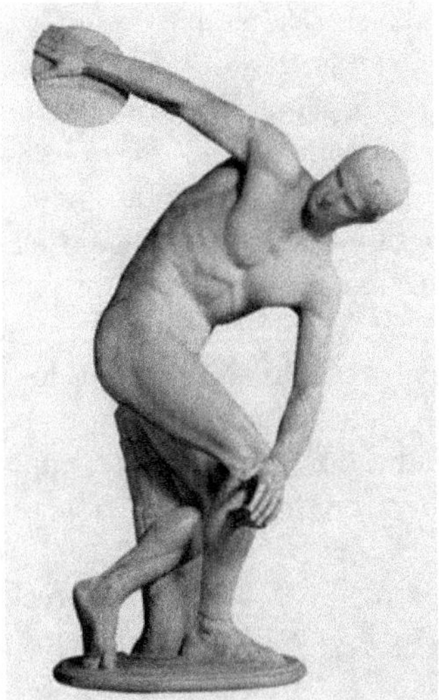

El Discóbolo (450 a.e.c.), Mirón.

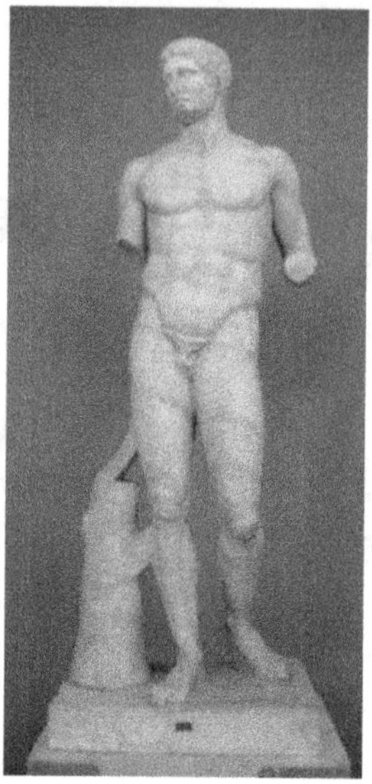

El Doríforo (450 y 440 a.e.c.), Policleto.

Pero en este periodo histórico también reinó la contradicción respecto a la belleza física de las mujeres. Por una parte, la belleza femenina fue subvalorada, dejó de ser exigida e incluso, también, desaconsejada pues, como afirma Dominique Paquet (1998) en su libro *Historia de la belleza*, en esta época se consideró que las mujeres que se adornan destruyen la armonía de la naturaleza y constituyen una especie de *hubris* (exceso), que quebranta la belleza femenina natural. Por esta razón, para mantener una belleza genuina (física y moral) se les recomendaba la práctica de la gimnasia, que sin artificios esculpía y moldeaba los músculos; por lo cual, en esta época las mujeres se caracterizaron por poseer cuerpos proporcionales, delgados, tonificados pero robustos, cuello corto, senos firmes, redondos y pequeños, cintura proporcional a la anchura de las caderas y piernas gruesas.

Empero, por otra parte, fue en la antigua Grecia donde nació el mito de Afrodita[12] como diosa de la belleza y se perfeccionó el ideal estético en

[12] En la mitología griega, Afrodita estuvo acompañada por las Cárites, también conocidas como Las Tres Gracias, diosas del encanto, la belleza, la naturaleza, la creatividad humana y la fertilidad que formaban parte de su séquito. Se tienen dudas respecto a cuantas eran; sin embargo, han sido destacadas tres de ellas: Aglaya (belleza), Eufrósine (júbilo) y Talia (abundancia).

torno a las mujeres; esto inspiró la emergencia de los primeros concursos de belleza,[13] la aparición de los *kosmetés*[14] y el empleo de *kommôtikê techné* (cosméticos) para acercarse a un pretendido imaginario de perfección.[15] Este canon de belleza femenino fue ilustrado en esculturas de la

[13] El primer concurso de belleza del que se tiene registro procede de la mitología griega, específicamente en la historia conocida como *El juicio de Paris*. Según el relato, Eris, la diosa de la discordia, molesta por no haber sido invitada a las bodas de Peleo y Tetis —a la que fueron convocados todos los dioses—, decidió vengarse sembrando la discordia entre los asistentes. Eris hizo llegar al gran banquete una manzana de oro con la inscripción *kallisti* (para la más bella). Tres diosas (Atenea, Afrodita y Hera) se disputaron la manzana, y para dirimir el conflicto quisieron competir para saber quién era la más bella. Zeus (el padre de todos los dioses) decidió encomendar la elección a un joven mortal llamado Paris (hijo del rey de Troya), y cada una de las diosas concursantes intentó sobornarlo con un presente: Hera le ofreció poder, Atenea le prometió la victoria en la guerra y Afrodita le concedería el amor de la mujer más bella del mundo. Paris eligió a Afrodita, pero el amor de la mujer que este demandaba era el de Helena, la esposa de Menelao, rey de Esparta; Paris raptó a la bella Helena y esto desencadenó la famosa guerra de Troya. Esta leyenda favoreció la asociación de la belleza femenina al conflicto, la guerra y la destrucción de los hombres, la cual ya había sido señalada por Hesíodo, quien describió a la primera mujer creada como *kalon kakon* (la cosa hermosa-malévola); y más tarde, en la *Iliada* de Homero donde los ancianos cantaron: "Terrible belleza, belleza como la de una diosa". No obstante, estos no solo datan de la mitología, "los concursos de belleza —*kallisteia*— eran frecuentes en los campos de entrenamiento para las Olimpiadas en Elis y en las islas de Tenedos y Lesbos, donde las mujeres eran juzgadas mientras se desplazaban de un lado a otro. (...) Mi concurso favorito tiene que ser el que se hacía en honor de Afrodita Kallipugos: Afrodita de las nalgas hermosas. La historia cuenta que al deliberar sobre dónde ubicar un templo para la diosa en Sicilia, se decidió que un modelo de belleza humana debería tomar la decisión. Las dos chicas con posaderas respetables, ambas hijas de un campesino, se enfrentaron. La mejor dotada ganó el honor de escoger el sitio para el santuario de Afrodita. Las mujeres con traseros respetables claramente tenían línea directa con la diosa del amor. De modo que las caderas anchas y los brazos blancos —a veces blanqueados con maquillaje hecho con plomo— eran lo que le gustaba a los griegos" (Hughes, 2015, sp.).

[14] Profesionales encargados de entrenar, adornar y embellecer a las personas a través del cuidado corporal.

[15] Las griegas hicieron uso de lociones para disimular machas o arrugas, se empolvaron el rostro con la cerusa (compuesta de carbonato de plomo, yeso y creta), se pintaban los labios, las cejas con antimonio, los ojos con azafrán o con ceniza y se coloreaban las mejillas con el phukos, orcaneta o miltos (coloretes rojos de origen vegetal). Además, se difundieron los afeites, el uso de perfumes, aceites y el teñido del cabello, sin embargo, fue una práctica mal vista. Señala Paquet (1998) que, en Esparta, Licurgo prohibió los cosméticos y la pintura corporal por considerarlas corruptora del comportamiento femenino, en Atenas el maquillaje se asoció a las cortesanas y los homosexuales, y no fue sino hasta el periodo helenístico que se flexibilizaron las prohibiciones para el uso del maquillaje, periodo en el cual dejó de asociarse a las cortesanas y los denominados "adefesios" (mujeres viejas, melladas y llenas de arrugas, angustiadas por su envejecimiento que acechan jovencitos).

época como *Las Korai*,[16] la *Koré del Peplo*, la *Afrodita de Cnido* y la *Venus de Arles*.

Kore (650-500 a.e.c.).

[16] *Las Korai* son las estatuas de mujeres jóvenes que datan del periodo arcaico griego y dan muestra de una clara influencia egipcia. Se caracterizan por la adecuación de sus cuerpos a formas estrictamente geométricas y esquemáticas, principalmente en la zona muscular de los brazos, el torso y las piernas; portan el cabello largo trenzado sobre los hombros, sus ojos almendrados recuerdan a las representaciones de Cleopatra en el antiguo Egipto y poseen una sonrisa eginética, es decir, cercana a la mueca.

La Koré del Peplo (530 a.e.c.).

Afrodita de Cnido (360 a.e.c.), Praxíteles.

Venus de Arles (350 a.e.c.), Praxíteles.

Ahora bien, la belleza en la antigua Roma no se diferenció de forma significativa de aquella enarbolada en la antigua Grecia, por el contrario, puede considerarse heredera de esta última, pues los romanos mantuvieron una concepción de la belleza muy influenciada por los filósofos y artistas griegos; hecho por el cual se reconocen pocos cambios en sus representaciones, entre las cuales apenas es posible mencionar la incorporación de mayor realismo en sus esculturas.[17]

En este periodo, la belleza femenina comienza a cobrar preeminencia en relación a la belleza masculina,[18] y se rescata como ideal de belleza a las Cárites, ahora denominadas Las Tres Gracias: Castitas, Pulchritudo y Voluptas (la virgen, la esposa y la amante). En la antigua Roma también se flexibilizaron las restricciones sociales y morales en lo que refiere al empleo de la cosmética, la cual se desarrolló y perfeccionó llegando a ser no

[17] Un mayor realismo ya había comenzado a incorporarse en las representaciones artísticas de la etapa clasicista de la antigua Grecia. Este estilo denominado patético (proveniente de *pathos:* sentimiento) fue introducido por el escultor Escopas (380–330 a.e.c.), y se caracterizó por dotar a sus obras de expresiones de dolor, sufrimiento, angustia, tristeza, desilusión y desesperanza.

[18] En Roma, la belleza masculina si bien era aceptada, no era necesariamente celebrada. En esta época los hombres también hicieron uso del maquillaje, sin embargo, esto generalmente se asoció a la homosexualidad, por lo tanto, Ovidio le aconsejaba a los hombres una belleza sin aliño, es decir, solo era bien visto mantener las uñas cortas y limpias, el empleo de perfumes, la depilación, el corte del cabello y el afeitado de la barba.

solo aceptada, sino promovida.[19] Sobre esto, el poeta romano Ovidio (43 a.e.c.-17 d.e.c.), en su *Arte de amar*, recomendaba a las mujeres: "Sabréis también procuraros blancura en el rostro empolvándonos"; lo cual evidencia que la sociedad romana valoró como nunca antes los baños, la depilación, así como, la aplicación y empleo de lociones, ungüentos, perfumes, pelucas y maquillaje, a los cuales se les concedieron atributos mágicos al permitir exaltar la belleza.

> El aseo matutino de la patricia romana parece una sesión de tortura. Todos los orificio del cuerpo han de ser limpiados, raspados, friccionados; después, la depilación: brazos, axilas, piernas, parte superior de los labios interior de la nariz; los cabellos se hacen más abundantes mediante postizos de cabellos indios (morenos) o germánicos (rubios o pelirrojos); los dientes se esmaltan con un compuesto de asta molida, cuando no son falsos; el aliento se perfuma con perejil; granos y verrugas se disimulan con lunares postizos; las espaldas encorvadas desaparecen con almohadillas o tablillas que nivelan los omóplatos; los corsés que estilizan el talle producen una belleza engañosa y frágil. La tez albayaldada, como es de rigor, los ojos oscurecidos con antimonio o azafranados, las mejillas coloreadas con orcaneta o minio. (Paquet, 1998, p. 22-23)

El canon de belleza romana aconsejaba a las mujeres poseer una piel blanca, luminosa, sonrosada, pues esta era considerada el supremo rasgo de distinción, para ello las mujeres hicieron uso de múltiples ungüentos y preparaciones que les permitieran blanquear la piel y mantenerla libre de arrugas.[20] Se hizo común el maquillaje de los pómulos con tierras rojas,

---

[19] Las matronas romanas popularizaron el uso de cosméticos naturales, pero también emergieron los *cosmetriae* y las *ornatrices*, esclavos y esclavas a quienes se les encargaba la atención de sus esclavizadores en los tocadores, y se les exigía su dedicación para adornarles a través de la realización de peinados, depilaciones, la aplicación de cremas, tinturas, perfumes y maquillaje.

[20] Para lograr una piel blanca, sin manchas y suave, las mujeres se aplicaban diversos ungüentos y preparaciones; "algún autor habla de una mezcla a base de yeso, harina de habas, sulfato de calcio y albayalde, aunque el resultado final era más bien el de oscurecer la piel. Para aclarar el rostro también se empleaba una base de maquillaje elaborada con vinagre, miel y aceite de oliva, así como las raíces secas del melón aplicadas como una cataplasma y los excrementos de cocodrilo o estornino. Otros ingredientes utilizados como blanqueadores fueron la cera de abeja, el aceite de oliva, el agua de rosas, el aceite de almendra, el azafrán, el pepino, el eneldo, las setas, las amapolas, la raíz del lirio y el huevo. Con el mismo propósito, se decía que las mujeres ingerían cominos en gran cantidad. Para dotar a la piel de una mayor luminosidad, se usaban los polvos de mica. (...) Por otra parte, las mujeres romanas no se conformaban con lograr una piel blanca; esta debía estar además impecable: libre de arrugas, pecas o manchas. Para conseguir

alheña, jugo de mora o posos de vino, de los labios con carmín, de los ojos con galena, hollín, antimonio o polvo de malaquita, y de las cejas y pestañas con una máscara realizada a partir de la mezcla de huevos de hormiga machacados con moscas secas.

Además, en este contexto, comenzó a exigirse a las mujeres el cuidado y atención sobre su aspecto físico, pero también un determinado comportamiento en lo que refiere a la belleza; un ejemplo de ello son las recomendaciones espetadas por el poeta Ovidio, quien recomendaba a las mujeres aplicarse los cosméticos a solas para no importunar y desilusionar a los amantes: "Que vuestro amante no os sorprenda con las cajitas abiertas sobre la mesa: el arte de embellecerse el rostro no debe ser mostrado" (Ovidio citado en Paquet, 1998, p. 26).[21]

El oscurantismo estético en la Edad Media

En la Edad Media, con el tránsito hacia las religiones monoteístas, la consolidación del cristianismo y el oscurantismo que arropó el pensamiento, la belleza de los mortales y el culto al cuerpo fue denostado, silenciado y despreciado; mientras que los cánones de belleza de los griegos y los romanos fueron señalados y prohibidos bajo el argumento del paganismo. En este periodo, la belleza dejó de asociarse a una naturaleza física para concebirse desde una perspectiva teológica e inmaterial,

---

esto último, las mujeres solían colocarse mascarillas por la noche. Existían mascarillas de belleza contra las manchas, como una realizada con hinojo, mirra perfumada, pétalos de rosa, incienso, sal gema y jugo de cebada. Para contrarrestar las arrugas era muy común una mascarilla compuesta de arroz y harina de habas; también se recurría a la leche de burra, con la que había mujeres que se lavaban hasta siete veces al día, según refería Plinio el Viejo. El mismo autor recoge otro sorprendente remedio contra las arrugas: el astrágalo (hueso del pie) de una ternera blanca, hervido durante cuarenta días y cuarenta noches, hasta que se transformaba en gelatina y se aplicaba posteriormente con un paño. Para tratar las pecas, se recomendaba la aplicación de cenizas de caracoles. Para alisar la piel, era muy común una mascarilla a base de nabo silvestre y harina de yero, cebada, trigo y altramuz. Asimismo, existían mascarillas faciales para anular el acné, las ulceraciones oculares y las heridas labiales" ("El arte del maquillaje en la antigua Roma", *National Geographic*, 24 de octubre de 2016).

[21] "¿A quién no apesta la grasa que nos envían de Atenas extraída de los vellones sucios de la oveja? Repruebo que en presencia de testigos uséis la médula del ciervo u os restreguéis los dientes: estas operaciones aumentan la belleza, pero son desagradables a la vista. (...) ¿Por qué he de saber cuál es la causa de la blancura de vuestro rostro?" (Ovidio citado en "El arte del maquillaje en la antigua Roma", *National Geographic*, 24 de octubre de 2016).

la cual, de acuerdo con San Agustín de Hipona (354-430 d.e.c.), es superescencial y de una naturaleza espiritual y divina; es decir, un regalo otorgado por Dios que debe ser ofrendada a este. Por su parte, según refiere Constanza Rojas (2011) en su ensayo *De forma et virtude. Una aproximación al concepto de belleza en la doncella medieval durante el siglo XII*, para personajes como el religioso Odón de Cluny (878-942 d.e.c.), el filósofo Alejandro Neckam (1157-1217 d.e.c.) y el monje San Bernardo de Claraval (1090-1153 d.e.c.), la belleza es un término de naturaleza trascendente, una estética que se encuentra al servicio de la divinidad y que inspira su misterio.

En la Edad Media, el ideal de belleza estuvo notablemente influenciado por las invasiones bárbaras: los hombres debían ser altos, delgados, fuertes, esbeltos, musculosos, de pecho y hombros anchos, manos grandes y piernas largas; sin embargo, en este periodo histórico se creía que "esas bellezas y gracias mundanas (…) presto enervan al hombre y afeminan el corazón masculino" (Labad, 2004, p. 157). Por su parte, en el caso de las mujeres prevaleció la belleza nórdica de las ninfas:

> La mujer de esta época, rubia, con el cabello rizado en trenzas o suelto, deslumbra por su tez de lis o de nieve que se extiende hasta su cuello y manos; ese color revela la virginidad pura y angelical. Las mejillas tocadas por unos hoyuelos maliciosos se muestran inflamadas, al igual que los labios <<bermejos o encarnados>>. La frente <<fenestrada>>, es decir muy abierta, va depilada, y es ancha y profunda, lustrosa y pulida, refulgente. La cejas, elemento fetiche en la Edad Media, deben ser morenas, <<arqueadas>> y finas. El entrecejo, bello y apetecible, y la nariz rotunda y derecha, <<enhiesta>>, es decir, fina y recta. En cuanto a los ojos, tienen que ser <<alegres>>, protegidos por unos párpados abombados y diáfanos, irradian un brillo que no se debe a su color, sino al zumo de limón. Para terminar, el mentón redondeado y <<ahorquillado>> —entiéndase partido por un hoyuelo— aporta el toque de dulzura a ese rostro perfecto. Los cánones del resto del cuerpo están menos definidos, puesto que la preocupación estética se dirige hacia lo que va descubierto. La mujer medieval, delgada y muy encorsetada, luce pechos firmes y tersos, pequeños y redondeados, talle fino y unas caderas estrechas. Una zona lumbar combada y un vientre prominente cierran el cuadro anatómico. (Paquet, 1998, p. 35-36)

Pero pese a la existencia de un canon de belleza femenino claramente definido, persistió una concepción moralista y teologizada de la belleza, motivo por el cual se exigía a las mujeres una imagen austera, pudorosa y recatada. Según Umberto Eco (2010), en la referida época se tendía a mirar con recelo todo lo que estaba relacionado con la corporeidad, con los sentidos y con la consistencia física; además, como era de suponer, se prohibió el uso del maquillaje al considerar que alteraba la belleza natural, casta y virtuosa creada por Dios.[22] Sin embargo, estas restricciones, ni lo perjudicial que resultaban para la salud algunos preparados y métodos, evitó que el maquillaje continuara siendo utilizado por algunas mujeres.

Este hecho motivó que se profundizaran las prohibiciones en lo que respecta el cuidado del cuerpo —prácticas consideras profanas—, al mismo tiempo que se desmotivó y desincentivó el interés de las mujeres por la belleza, enfatizando en la idea expresada por Boecio en su *Consolación de la filosofía*: la belleza terrenal y externa es tan efímera como las flores de primavera;[23] así como, en la creencia medieval de que "la vanidad del adorno dibuja pronto una geografía de la putrefacción que no espera a la muerte para manifestarse" (Paquet, 1998, p. 41). Este pensamiento se consolidó a través de una socialización profundamente religiosa, en la cual se le exigía a la mujer abandonar la vanidad, la lujuria y el orgullo —a las cuales se asoció el maquillaje, cuidados y modificaciones corporales—,

[22] Durante la Edad Media, se consideraba que "la mujer maquillada y lujosamente vestida, privilegia, contrariamente al orden querido por Dios, la vil exterioridad de su cuerpo por encima de la preciosa interioridad de su alma; la complacencia excesiva de que hace gala por un vestido que le aprieta el cuerpo, por el color de una tela que realza su belleza y un peinado que la favorece, denuncia un interés íntegramente volcado al cuidado externo del cuerpo, que no deja espacio ni tiempo para el cuidado amoroso de la virtud. El maquillaje, sobre todo, revela una soberbia ilimitada: la mujer que se pinta de rojo las mejillas y que se cambia de color el pelo o que esconde las señales de envejecimiento bajo afeites y pelucas es una mujer que, al igual que Lucifer, discute y pretende mejorar la imagen que Dios le ha dado, llegando incluso a creerse capaz de intervenir en las leyes de la temporalidad que solo Dios gobierna" (Casagrande, 2018, p. 109). El cuidado corporal y el maquillaje fue fuertemente condenado por la Iglesia al asociarlo a la lujuria, la prostitución y la perdición; según menciona Paquet (1998), el teólogo Tertuliano (160-220 d.e.c.) consideraba que cometen pecado quienes lastran su piel con drogas, mancillan sus mejillas con coloretes y alargan sus ojos con sombras negras, pues lo natural es siempre obra de Dios, mientras que lo artificial es obra del diablo; por su parte, San Jerónimo (340-420 d.e.c.) espetaba: "Cristo no reconocerá a la coqueta y la enviará a los infiernos".

[23] Señala Paquet (1998) que en esta época también se hicieron comunes en la vida cotidiana el empleo de proverbios para desmotivar el uso del maquillaje y cuidados corporales en las mujeres, entre los que destacan: «aunque la mona se vista de seda, mona se queda», «mujer emperifollada y cielo aborregado poco duran», «a fuerza de peluqueros, a la novia ponen calva», entre otros.

dedicarse exclusivamente a cumplir los designios divinos, consagrarse al sacrificio, la bondad y preocuparse por la salvación de su alma.[24]

Esta perspectiva escolástica y concepción de la belleza femenina como un atributo divino fue exacerbada en las representaciones artísticas de la época, periodo en el cual la imagen de la Virgen María se erigió como ideal de belleza sacra, pura, sublimada, inocua, virtuosa y ejemplo de perfección moral.

> Es introducida la "mariolatría" como novedosa ideología en lo que a la mujer comprende; la cual exaltaría la virtud femenina a partir de la castidad para las jóvenes, y la maternidad y abnegación para las casadas, encarnada en la figura de Deméter, la madre particular y universal, como también en la representación de la Virgen María, en contraposición de la prostitutificación presente en la representación de la mujer lasciva y lujuriosa en la figura de María Magdalena. (Pineda, 2011, p. 42)

Pero la desconfianza en la belleza del cuerpo, el rechazo de la coquetería y el temor al maquillaje no solo fueron introducidas en ellas. A los hombres se les enseño a temer la belleza de las mujeres,[25] la cual según el pensamiento religioso de la época no es más que una peligrosa y maléfica trampa que seduce, incita, rebaja, arrastra y destruye;[26] por ello,

---

[24] "Ha llegado la hora de mostraros embellecidas por los ungüentos y los adornos de los profetas y los apóstoles. Empolvaos con la sencillez, usad el pudor como colorete. Pintad vuestros ojos de decoro y vuestra boca de silencio. Tocad vuestras orejas con la palabra de Dios, colgad de vuestra nuca el yugo de Cristo. Sed sumisas con vuestros maridos y bastará con este adorno; ocupad vuestras manos trabajando en lana, mantened los pies en el hogar y resultareis más bellas que cubiertas de oro. Cubríos con la seda de la honestidad, el lino de la pureza, el purpura del pudor. Enjalbegadas de este modo, tendréis a Dios como amante" (Tertuliano citado en Paquet, 1998, p. 109).

[25] En esta época, se hicieron manifiestos numerosos proverbios y dichos populares, los cuales tenían como propósito alertar a los jóvenes hombres sobre los peligros de la atrayente y vil belleza femenina, algunos de ellos fueron rescatados por Gilles Lipovetsky (1999) en su libro *La tercera mujer*, y entre estos destacan: «la hermosa rosa se convierte en tapaculo», «bello y bueno nunca van juntos», «la belleza ni se come ni se bebe» y «la muchacha hermosa es la mitad de altanaera que el diablo».

[26] No solo se les enseño a temerles, el pensamiento escolástico también incitó a repeler y sentir asco de las mujeres, de este modo, se restringían sus interacciones y por tanto la transgresión del mandato y del orden social impuesto. En el siglo X, Odón de Cluny (942) recoge la advertencia de Juan Crisóstomo (407) y escribe: "La belleza del cuerpo solo reside en la piel. En efecto, si los hombres vieran lo que hay debajo de la piel, la visión de las mujeres les daría náuseas... Puesto que ni con la punta de los dedos toleraríamos tocar un escupitajo o un excremento, ¿cómo podemos desear abrazar este saco de heces?" (Dalarun, 2018, p. 29).

para Pedro Lombardo (1100-1160 d.e.c.), obispo de París, "habría que cuidarse de esperar un himno a la belleza. Esta es casi siempre peligrosa y, a veces, funesta" (Lombardo citado en L'Hermitte-Leclercq, 2018, p. 248).

No fue sino en la Baja Edad Media con la emergencia del galanteo, el amor cortés, la poesía de los trovadores y las novelas caballerescas que comenzaron a transformarse las concepciones de la belleza femenina hasta el momento mantenidas, en las cuales esta pasa a ser idealizada, deseada y, por tanto, perseguida.[27] En este momento histórico, la belleza desciende de las vírgenes a las humanas, deja de ser espiritual y vuelve a ser corpórea; materializándose en la figura de las damas y doncellas cuya belleza inalcanzable se caracterizó por los cuerpos esbeltos, torso delgado, pechos firmes, redondeados y pequeños, caderas estrechas, piel muy blanca y cabello largo, rubio y reluciente. Por su parte, en lo que respecta a su complexión ósea, esta se correspondió a la de las mujeres nórdicas: rostro ovalado, frente amplia, ojos pequeños, nariz fina, labios delgados y mentón redondeado y pronunciado.

Así mismo, en este contexto la belleza se constituyó como una garantía de amor, pues quien poseyese belleza se haría merecedora de amor romántico, fundamentado en la libre elección y el sentimiento; en contraposición al matrimonio tradicional organizado en torno a criterios de carácter economicistas y donde las vinculaciones afectivas fueron evitadas, persuadidas e incluso prohibidas[28]. Emergencia del amor romántico que también favoreció la introducción de la idea del "amor a primera vista", amor idealizado y erigido sobre el deseo de lo físico, y por tanto en las concepciones o canon de belleza estatuido.

---

[27] En este periodo es posible ubicar "la aparición de un ideal de belleza femenina y de educada pasión amorosa, en la que el deseo se hace mayor debido a la prohibición, y la dama alimenta en el caballero un estado permanente de sufrimiento, que el caballero acepta con alegría. De ahí las fantasías de una posesión que se aplaza constantemente, en las que cuanto más inalcanzable se considera la mujer, más se alimenta el deseo que enciende, y su belleza se transfigura" (Eco, 2010, p. 164).

[28] Los estereotipos de belleza también estuvieron fuertemente instalados a lo interno de la institución religiosa, de acuerdo con L'Hermitte-Leclercq (2018), los hombres de Iglesia se quejaban amargamente de que las familias casaran a sus hijas más agraciadas y abandonaran al señor las más feas, a quienes el predicador Bernardino de Siena consideraba unos "vómitos de la tierra".

El renacimiento de la belleza clásica en la Edad Moderna

El Renacimiento trajo consigo la génesis de la ciencia, la cual en el contexto de emergencia de la burguesía —promovida y financiada por mecenas— fue utilizada como instrumento de deslegitimación del orden social existente que ya se encontraba en decadencia. Este nuevo orden social trastocó el pensamiento dogmático-religioso tradicionalmente concebido, el interés volvió a ser puesto en los seres humanos, donde se les reconoció su capacidad creadora y creativa capaz de modificar el orden socialmente estatuido; contexto en el cual el cuerpo cobró una significativa importancia.

Este cambio ideológico y la superación del oscurantismo impuesto por el cristianismo, según Rodríguez (2000), favoreció la recuperación del clasicismo griego y romano,[29] lo cual supuso la integración de lo físico, lo espiritual y los cánones matemáticos, estableciéndose así lo que se conoce como belleza neoclásica; no obstante:

> El Renacimiento heredó una desconfianza básica del cuerpo, su naturaleza efímera, sus peligrosos apetitos y sus múltiples debilidades. Esta herencia medieval no fue olvidada —ni mucho menos— por la reforma protestante ni por la contrarreforma católica, de tal modo que la Europa del siglo XVI se caracteriza tanto por una ola de pudor y desconfianza respecto del cuerpo, su apariencia y su sexualidad, como por su celebrado culto de la belleza y su redescubrimiento del desnudo. (Matthews, 2018, p. 55)

Esta perspectiva renacentista de la corporeidad, como modelo y centro del universo, se hizo manifiesta en representaciones como *El Hombre de Vitruvio* de Leonardo da Vinci (1492)[30] con el cual se introdujo e institucionalizó el canon de la belleza física del ser humano. Esta se fundamentó en las proporciones, la armonía y la equitativa distribución de las medidas

---

[29] Si bien el Renacimiento trajo consigo la recuperación de los ideales de belleza griegos y romanos, también es cierto que la Edad Media y el oscurantismo sentenció el pensamiento sobre la belleza. En las épocas subsiguientes ya no se volvería a filosofar sobre la belleza como en la antigua Grecia, se dejó de buscar su comprensión y explicación, y, en un contexto de declive del pensamiento, simplemente se impone y se reproduce irreflexivamente el canon.

[30] El arquitecto romano Vitruvio (80/70-15 a.e.c.), desde una perspectiva matemática, definió y describió las proporciones perfectas del cuerpo del hombre en su obra *De Architectura*, esta imagen esquematizada del cuerpo fue rescatada y dibujada por Leonardo da Vinci durante el Renacimiento, obra a la cual llamaría *Vitruvio* en honor de su ideólogo.

del cuerpo desde la lógica de la arquitectura; ante lo cual afirmaba Da Vinci:

> Si separas las piernas lo suficiente como para que tu altura disminuya 1/14 y estiras y subes los hombros hasta que los dedos corazón estén al nivel del borde superior de tu cabeza, has de saber que el centro geométrico de tus extremidades separadas estará situado en tu ombligo, y que el espacio entre las piernas será un triángulo equilátero. La longitud de los brazos extendidos de un hombre es igual a su altura. Desde el nacimiento del pelo hasta la punta de la barbilla es la décima parte de la altura de un hombre. (...) Y también el ombligo es el punto central natural del cuerpo humano, ya que si un hombre se echa sobre la espalda, con las manos y los pies extendidos, y coloca la punta de un compás en su ombligo, los dedos de las manos y de los pies tocarán la circunferencia del círculo que así trazamos. Y de la misma forma que el cuerpo humano nos da un círculo que lo rodea, también podemos hallar un cuadrado donde igualmente esté encerrado el cuerpo humano. Porque si medimos la distancia desde las plantas de los pies hasta la punta de la cabeza y luego aplicamos esta misma medida a los brazos extendidos, encontraremos que la anchura es igual a la longitud, como es el caso de superficies planas que son perfectamente cuadradas. (Da Vinci, 2006, p. 70)

De este modo, durante el Renacimiento se rescató el interés por la perfección corporal, y, por tanto, el canon de belleza de proporciones exactas del mundo clásico, fundamentado en la naturalidad y la proporcionalidad; este para los hombres se manifestó en un cuerpo esbelto, robusto, musculoso, pectorales anchos, un rostro de expresión adusta, cejas pobladas y mandíbula fuerte, encarnado en el David de Miguel Ángel,[31] que ha pasado a la historia como modelo de belleza neoclásica. No obstante, como bien señala Belén Altuna (2010) en su libro *Una historia moral del rostro*, es en el Renacimiento cuando se produce en Occidente una acentuación de la disimetría entre las figuras femeninas y masculinas, el momento en que la estética femenina empieza a ocupar un lugar cada vez mayor; a esto el sociólogo Giles Lipovetsky (1999) le llamaría la invención de la idolatría del "bello sexo".[32]

---

[31] Según Rodríguez (2000), Leonardo da Vinci estudió la cara desde todos los ángulos para dar con alguna fórmula aritmética que le permitiera recrear la forma y la belleza facial, pues, como afirmó en su *Tratado de la pintura*: "Si quieres conocer la estructura del hombre anatómico, debes considerarlo desde distintos ángulos. Sin embargo, tienes que saber que la satisfacción no será completa a causa de la confusión en la cual se hallan entrelazados huesos, membranas, nervios, arterias, músculos y sangre" (Da Vinci, 2006, p. 92).

[32] Para Lipovetsky, es en este momento histórico cuando por primera vez se reconoce, sobrevalora y glorifica la belleza de las mujeres con respecto a los hombres.

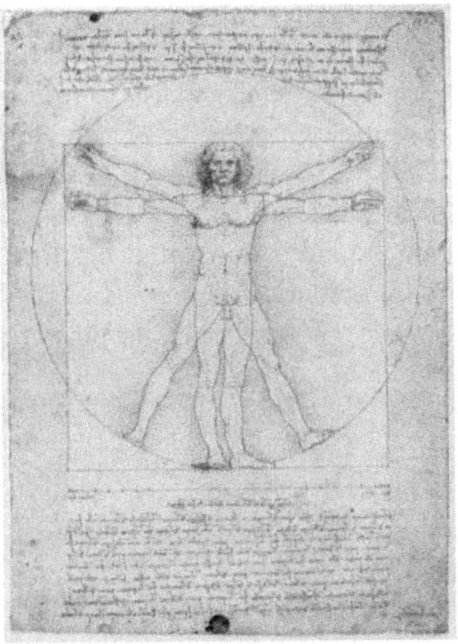

El Hombre de Vitruvio (1492), Leonardo da Vinci.

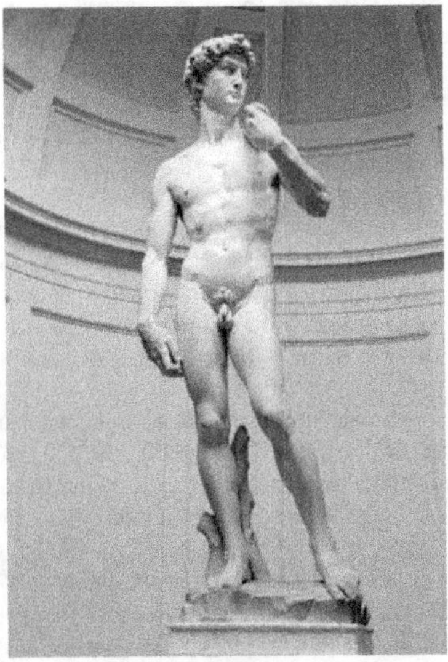

David (1501-1504), Miguel Ángel.

Este canon impuesto a las mujeres se reflejaba en un cuerpo con redondeces,[33] cuello largo y delgado, hombros estrechos, senos pequeños y torneados, cintura pequeña, caderas anchas, vientre redondeado y prominente, piel blanca, cabello largo y rubio,[34] frente amplia, cejas delgadas, ojos grandes, y mejillas y labios rosados. Canon de belleza del primer periodo moderno que según Matthews (2018) se mantuvo sin alteraciones por 300 años y se extendió por Italia, Francia, España, Alemania, Inglaterra y Países Bajos.[35] Además, si bien es cierto que en este periodo muchas mujeres optaron por mantener la imagen sobria de la Edad Media privilegiando una piel blanca sin adornar,[36] también cobró nuevamente importancia y presencia el cuidado corporal en las mujeres y el maquillaje, el cual apenas había comenzado a ser aceptado y reconocido en la antigua Roma. Volvió a apelarse al blanqueamiento de la piel, el empolvado de los pechos, la depilación de las cejas,[37] la utilización del *khol* para

[33] Según Matthews (2018), en este periodo se valoraron más los cuerpos femeninos robustos y rollizos, de caderas anchas y pechos llenos, lo cual incluso llegó a considerarse un símbolo de estatus y salud; por su parte, la delgadez extrema se consideraba horrible, signo de enfermedad y pobreza.

[34] Matthews (2018) afirma que en esta época las mujeres pasaban horas aclarándose el cabello bajo sol, lavándoselo con zumo de limón o ruibarbo, aplicándose mezclas hechas con sulfuro o azafrán, y, según Paquet (2018), recurriendo al sistema de secado de los cabellos al sol con un sombrero sin fondo y de amplias alas.

[35] Sin embargo, al igual que en la Edad Media, el canon de belleza de la época estuvo acompañado de fuertes restricciones comportamentales, en este caso, no solo para resguardar el honor, sino principalmente para satisfacer la expectativa de belleza esperada: "Si es baja, estará mucho tiempo sentada, no sea que, cuando esté de pie, se piense que está sentada. Si tiene feos pies, usará la capa más larga y los zapatos más finos. Si tiene manos gordas, uñas escaldadas, reducirá al mínimo el trinchado, y actuará con guantes. Si tiene una respiración penosa, nunca hablara deprisa, y siempre tomará una distancia. Si tiene dientes negros y desiguales, reirá lo mínimo, especialmente si ríe con la boca bien abierta" (Matthews, 2018, pp. 69-70).

[36] Las motivaciones para mantener una piel blanca sin aditivos no solo eran de carácter religioso y tradicionalista, es decir, para dar cuenta como hasta entonces de la pureza y la castidad; durante el Renacimiento y ante la consolidación de las clases sociales, esta también tuvo motivaciones de carácter económico. Una piel blanca era indicativo de posición social y ocio, mientras que una piel más oscura evidenciaba el carácter campesino y desposeído de las mujeres. Esto, según Paquet (1998), llevó a las damas a portar mascaras en sus paseos para evitar broncearse.

[37] En su libro *Historia de la belleza*, Dominique Paquet (1988) visibiliza que durante el Renacimiento el filósofo italiano Alexandro Piccolomini (1508–1579) en su libro *Instructions pour les jeunes dames* (1573) recomendaba a las mujeres utilizar como crema depilatoria un preparado compuesto de heces de gato secas, finamente picadas y mezcladas con vinagre muy fuerte.

maquillar los ojos, la aplicación de colorete de tonos rosa suave en las mejillas y el empleo de carmín en los labios.

> La mujer renacentista utiliza el arte de la cosmética y dedica una atención especial a la cabellera, que tiñe de un color rubio que a menudo tiende al rojo. Su cuerpo está hecho para ser exaltado por los productos del arte del orfebre, que son a su vez objetos creados según cánones de armonía, proporción y decoro. El Renacimiento es un periodo de iniciativa y actividad para la mujer, que en la vida de la corte dicta las leyes de la moda y se adapta al boato imperante, pero que no descuida el cultivo de la mente, participa activamente en las bellas artes y tiene habilidades discursivas, filosóficas y dialécticas. (Eco, 2010, p. 196)

Pero fue con la invención de la imprenta que este canon de belleza de las mujeres renacentistas comenzó a divulgarse mediante consejos y recetas cosméticas, las cuales fueron promovidas en folletos, revistas y libros de la época, en los cuales los hombres (doctores y dietistas) imponían a las mujeres sus criterios de belleza (Matthews, 2018); así mismo, este canon fue representado e inmortalizado en obras pictóricas como el *Retrato de Ginebra de Benci* (1474-1476) y *La dama con armiño* (1490) de Leonardo da Vinci, *Primavera* (1477-1482) y *El nacimiento de Venus* (1482-1485) de Sandro Botticelli, *La bella jardinera* (1507) y *La Fornarina* (1518-1520) de Rafael Sanzio, *Venus and amour* (1524-1535) de Hans Baldung Drien, *Venus de urbino* (1538) y *Venus del espejo* (1555) de Tiziano Vecelli, entre otros.

Retrato de Ginebra de Benci (1474-1476), Leonardo da Vinci.

El nacimiento de Venus (1482-1485), Sandro Botticelli.

La Fornarina (1518-1520), Rafael Sanzio.

Venus and amour (1524-1535), Hans Baldung Drien.

Venus del espejo (1555), Tiziano Vecelli.

A partir del siglo XVII, la belleza masculina —ya en declive— desaparece y pierde total y definitivamente importancia en el mundo social y artístico; por el contrario, el cuerpo femenino se erigió como el único poseedor de belleza, y esta se consolidó como una característica y atributo indivisible, irrenunciable y exigible a la condición de ser mujer.

Durante el periodo Barroco, la belleza natural celebrada en la antigua Grecia, Roma e incluso aún durante el Renacimiento perdió valor; además cayeron en desuso las restricciones religiosas y morales que aún podían existir en torno al cuidado del cuerpo y el uso de maquillaje, pues esta época se caracterizó por la exacerbación y celebración de la belleza, la apariencia, la superficialidad, la pomposidad y los atavíos suntuoso, los cuales permitieron evidenciar la tenencia de poder, autonomía, posición social y abundancia económica. De este modo, se consideró bello lo ficticio, lo maquillado, lo modificado, lo exagerado, y se hizo común el uso excesivo de cremas, lociones, afeites, perfumes, maquillaje[38] (polen y azafrán para colorear el rostro, carmín para los labios, lunares postizos),[39] peinados llamativos y pelucas empolvadas; fastuosidad que también se hizo manifiesta en la vestimenta, donde se popularizó el uso de encajes, corsés, zapatos de tacón, acompañado de accesorios, sombreros descomunales y joyas de gran valor.[40]

No obstante, la belleza esperada, exigida y celebrada —en esta y en todas las épocas hasta el momento estudiadas— estaba indivisiblemente asociada a la delgadez. La gordura siempre fue considerada signo de fealdad, un defecto, un estigma, el cual se convertía inevitablemente en objeto de burla, exclusión y discriminación; así lo pone en evidencia el arte pictórico del siglo XVII, específicamente con los títulos de las obras *La monstrua vestida* y *La monstrua desnuda* (1680), del español Juan Carreño de Miranda.

---

[38] Señala Paquet (1988) en su libro *Historia de la belleza* que el interés y la dependencia por el maquillaje era tal que las mujeres llevaban en sus pequeños bolsos una cajita en la que guardaban los falsos lunares, el colorete, el pincel y sobre todo el espejo, de modo que con frecuencia retocaban su maquillaje a su antojo y sin disimulo alguno donde sea que se encontraran.

[39] Los lunares postizos, maquillados o elaborados en terciopelo, se popularizaron no solo con fines ornamentales, también tenían como objetivo esconder pecas, manchas, cicatrices, granos y signos de haber tenido enfermedades en la piel.

[40] El maquillaje, las pelucas y la vestimenta rimbombante también fueron utilizados por los hombres; sin embargo, esto no supuso el aprecio o valoración de su imagen desde la perspectiva de la belleza.

La monstrua vestida (1680), Juan Carreño de Miranda.

La revolución de la belleza en la Edad Moderna

El pensamiento ilustrado y la Revolución francesa marcaron una ruptura con el ideal de belleza femenino construido sobre la base de lo artificial, por lo cual, el maquillaje sobrecargado y las vestimentas ostentosas volvieron a ser criticados, evitados y socialmente sancionados; pero esta vez no como consecuencia de presupuestos religiosos, sino porque estas prácticas y aspecto físico remitían a la decadente nobleza que se intentaba derrocar mediante la revolución.

Uno de los cambios más importantes que trajo la Edad Contemporánea fue la transformación de la corporeidad femenina valorada como bella. El canon de belleza ya no se fundamentó en los cuerpos delgados y atléticos, si bien esto comenzó a cambiar durante el Renacimiento, fue finalmente en el Barroco y hasta mediados del siglo XIX donde el canon de belleza se organizó en torno a la voluptuosidad de cuerpos robustos, voluminosos, de formas opulentas, brazos redondeados y carnosos, senos redondos y prominentes resaltados con el uso del corsé, vientres pronunciados, caderas grandes y anchas, piernas gruesas y pantorrillas rollizas. En lo que refiere al rostro, se convirtieron en ideal de belleza los rostros regordetes con hoyuelos en las mejillas, cabellos largos y rubios, frente despejada, ojos grandes, así como, los labios rosados que expresaban salud y sensualidad.

> Es la recuperación de un modo de concebir el rostro y el cuerpo plenamente inspirado en las leyes de la armonía pitagórica y del ideal platónico de lo bello, lo justo y lo verdadero. Desaparece el canon medieval de la ninfa para dar paso al de la mujer hecha y derecha y con algunas redondeces, aunque el modelo de la rubia albayaldada perdura en el corazón de los enamorados de la belleza. (Paquet, 1988, p. 44)

Estos cuerpos contundentes de proporciones generosas que representaban el ideal de belleza, la delicadeza y la armonía física y espiritual fueron reconocidos y exaltados a través de las representaciones pictóricas de la época, en grandes obras como: *Retrato de Olivia Boteler* (1630) de Anthony van Dyck, *Venus del espejo* (1647) de Diego Velázquez, *El rapto de las hijas de Leucipo* (1618) y *Las tres gracias* (1636-1638) de Pedro Pablo Rubens, *Chica recogiendo uvas un mediodía italiano* (1827) de Karl Briulov, *En el baño del harén* (1828) de Dominique Ingres, *Las bañistas* (1887) y *Bañista secándose la pierna* (1893) de Pierre-Auguste Renoir, entre otros.

Retrato de Olivia Boteler (1630), Anthony van Dyck.

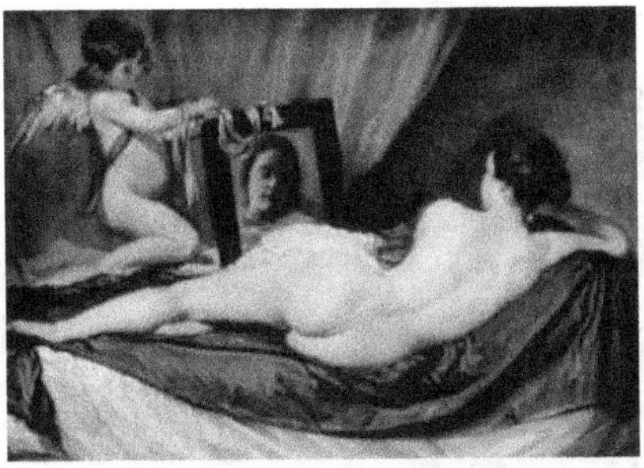

Venus del espejo (1647), Diego Velázquez.

Las tres gracias (1636-1638), Pedro Pablo Rubens.

Chica recogiendo uvas un mediodía italiano (1827), Karl Briulov.

En el baño del harén (1828), Dominique Ingres.

Bañista secándose la pierna (1893), Pierre-Auguste Renoir.

Durante la época victoriana, la cual puede ubicarse entre mediados del siglo XIX y principios del siglo XX, vuelven a privilegiarse los cuerpos delgados, así como, el cabello castaño o negro, largo y ondulado, la tez pálida, el rostro con ojeras, y el aspecto lánguido y frágil.

> A partir de 1830 está de moda «mostrar el semblante abatido y pálido como un moribundo, tener la tez plomiza o las mejillas hundidas, porque esto da un aire distinguido y artístico», a decir del doctor Auber en *Hygiène des femmes nerveuses* (1841). El rostro se adorna con amarillos, azules y verdes. Para adelgazar, las mujeres toman vinagre como única bebida, no comen más que limones y permanecen leyendo por la noche hasta tarde para provocarse ojeras. El ideal seráfico está en auge: palidez espectral, ojos oscuros y profundos, como negros pozos. Son los tiempos de las mujeres de cabellos negros y ojos agrandados por la belladona y la atropina. (Paquet, 1988, p. 64-65)

No obstante, esta época también trajo cambios en lo que refiere a la cosmética, los cuales estuvieron fuertemente influenciados por el hecho de que la reina Victoria de Inglaterra, y su rígida moral social, declaró el maquillaje como algo vulgar, impropio y descortés. Esto motivó que el maquillaje desapareciera casi totalmente de la vida de las mujeres, a quienes solo se les permitía utilizar un toque de colorete para ruborizar las mejillas; sin embargo, este siguió utilizándose por las mujeres consideradas de dudosa reputación o que hacían vida en lugares de poca estima social.

En este periodo, se popularizó el moldeamiento de las siluetas de las mujeres robustas con la ayuda del corsé y los miriñaques;[41] pero también se hizo común el uso de otros dispositivos para reestructurar el cuerpo, como los rellenos que dan forma y volumen a los senos, las caderas y los glúteos, los cuales permitieron a las mujeres menos dotadas por la naturaleza proporcionar volumen donde se carecía de este.

Así mismo, también es importante mencionar que en esta época se profundizó el direccionamiento y represión del comportamiento femenino, así como su cuidado y presentación del cuerpo, pues, según escribía el filólogo Salomone Morpurgo (1889) en *El Costume de Le Donne*, la mujer ideal no debía tener menos de treinta perfecciones corporales;[42] canon de belleza que fue representado en obras pictóricas como *Ofelia* (1852)

---

[41] El miriñaque, también conocido como crinolina o armador, era una estructura ahuecada y realizada con aros de metal que se utilizaba debajo de las faldas y vestidos para darle forma y volumen a la vestimenta de las mujeres.

[42] Según señala Sara Matthews (2018), el filólogo Salomone Morpurgo (1889) en sus escritos establecía que la mujer para ser considerada bella debía tener tres largos: pelo, manos y piernas. Tres cortos: dientes, orejas y senos. Tres anchos: frente, tórax y caderas. Tres angostos: cintura, rodillas y "donde pone naturaleza todo lo dulce". Tres grandes

de John Everett Millais, *El ensueño* (1868) y *Proserpina* (1874) de Dante Gabriel Rossetti, entre otros.

Ofelia (1852), John Everett Millais.

Proserpina (1874), Dante Gabriel Rossetti.

("pero bien proporcionados"): altura, brazos y muslos. Tres finos: cejas, dedos, labios. Tres redondos: cuello, brazos y... Tres pequeños: boca, mentón y pies. Tres blancos: dientes, garganta y manos. Tres rojos: mejillas, labios y pezones. Tres negros: cejas, ojos y "lo que vosotros ya sabéis".

El siglo XX trajo consigo una drástica ruptura con el canon de belleza hasta entonces mantenido, la belleza reconocida dejó de ser la de los griegos, los romanos y los renacentistas fundamentada en la simetría y la armonía; se alejó de la belleza de la Edad Media caracterizada por obviar la belleza física y concentrarse en la virtud y la bondad, pero también del canon de belleza promovido en los siglos XVII, XVIII y XIX donde se privilegió la voluptuosidad y naturalidad de los cuerpos femeninos. El inicio del siglo XX se caracterizó entonces por la emergencia del primer ideal de belleza en Estados Unidos, con el cual se concretó el transito del ideal de belleza europeo a uno norteamericano.

A principios de 1900, nace el estereotipo de belleza de la *Gibson Girl*,[43] la cual se diferenció de los cánones de belleza mantenidos hasta la fecha por ser de estatura alta, poseer un cuerpo delgado y esbelto, una silueta en forma de “S” con pechos elevados, cintura extremadamente ceñida y vientre plano definido por el uso del corsé; además tenía brazos delgados, caderas pronunciadas, glúteos prominentes y piernas largas. Por su parte, el rostro evidenciaba rasgos aristocráticos, cejas delgadas, ojos grandes, nariz fina y labios definidos; cabello castaño o negro, rizado y abundante, sostenido con un moño que le aportaba elegancia y distinción. Este canon de belleza además fue divulgado en numerosas revistas e ilustraciones de la época, los medios impresos de comunicación y difusión masiva, al mismo tiempo que se convirtió en la imagen por excelencia para diversas campañas publicitarias de productos, como corsés, vestimenta, utensilios de cocina, sodas y cigarrillos; lo cual garantizó su rápida penetración y aceptación en el imaginario social.

[43] La *Gibson Girl* fue un modelo de mujer creado por el dibujante estadounidense Charles Dana Gibson en 1898, pero que no se popularizó sino hasta los primeros años del siglo XX. Esta, además, saltó de los dibujos a las cámaras y fue encarnada en la vida real por la actriz belga Camille Clifford.

Retrato de *Gibson Girl* realizado por su creador Charles Dana Gibson.

Camille Clifford, actriz que en la vida real encarnó a la *Gibson Girl*.

La *Gibson Girl* se convirtió entonces en el icono de feminidad de la época y comenzó a ser emulada por las mujeres, pues fue considerada la mujer perfecta, capaz de combinar la belleza femenina tradicional con la imagen de una señorita bien educada pero con el ingenio de la juventud.

Así mismo, esta época según Yvonne Knibiehler (2018) también supuso una transformación radical en la apariencia del cuerpo femenino, debido a que el modisto francés Paul Poiret abolió el corsé,[44] y diseñó vestidos lisos y sueltos de sobria elegancia que proporcionaron a las mujeres mayor comodidad, movilidad y, por tanto, mayor presencia en el espacio social.

Pero esta pretendida, renovada y liberada imagen de la mujer no duró mucho; cuando las mujeres comenzaron a sentirse cómodas con esta imagen y a apropiarse de ella, se dio inicio en 1913 a la comercialización del *brassiere*,[45] el cual cobró significativa importancia en la vida de las mujeres. Esta pieza de uso femenino fue introducida y comercializada en el mercado capitalista desde un esquema fordista de producción masiva, popularizándose además a través de la industria del cine, donde las mujeres mediante el uso de los sostenes se mostraban voluptuosas y seductoras, ya que este dispositivo les permitió estilizar la figura, mostrar sus redondeces y realzar los senos; es decir, el *brassiere* se estableció dentro de la industria del entretenimiento como un medio para moldear la morfología femenina, imagen que la mayoría de las mujeres quisieron imitar.[46]

---

[44] Si bien Paul Poiret propuso una vestimenta que prescindía del corsé, las mujeres continuaron usándolo; fue la entrada de Estados Unidos en la Primera Guerra Mundial el evento que marco la ruptura definitiva de las mujeres con el corsé y la necesidad de transitar hacia otra forma de estilizar el cuerpo femenino. Esto respondió a que el gobierno hizo un llamado a las mujeres a donar sus corsés metálicos, con lo cual se logró recopilar 28000 toneladas de metal, material con el que se dice se construyeron dos naves de guerra.

[45] Algunos registros ubican la invención del *brassiere* en el año 1889 y atribuyen su creación a la francesa Hermine Cadolle, quien dividió el corsé en dos partes y exhibió su invento en la Exposición Universal de París de 1900. Posteriormente, Pierre Poiret presentó en París en el año 1907 un nuevo modelo confeccionado con seda y finos alambres. No obstante, fue la estadounidense Mary Phelps Jacob, conocida como Caresse Crosby, quien patentó el *brassiere* en el año 1914 con el nombre de *Backless Brassiere* (corsé sin espalda), ese mismo año vendió su patente a la Warner Brothers Corset Company y se inició su masiva comercialización.

[46] Pero este proceso de institucionalización del sostén y su progresiva masificación marcó también el inicio de una cultura cargada de moralidad, represión, estigma, prejuicios y concepciones sobre el cuerpo femenino; se introdujo la noción de pudor y la necesidad de preservarlo, así como la reputación e integridad física y moral de las mujeres ante la mirada lasciva y el despertar del deseo sexual incontenible de los hombres. Desde esta perspectiva, el sostén se definió como el medio más efectivo para la ocultación de la naturaleza femenina, comprendida como provocativa y seductora desde la mirada patriarcal. Estas nociones moralizadas del *brassiere* fueron proporcionadas por la religión, la cual —como en la Edad Media— sancionó y condenó el cuerpo y la belleza de la mujer, atribuyéndole el carácter de pecaminoso, hechicero, capaz de arrastrar a los hombres al pecado por medio de sus encantos. Por ello, aún en la actualidad, prescindir del uso del *brassiere* genera rechazo, condena, crítica, sanción, burla y estigma, pues el pecho femenino ha sido convertido en tabú y en símbolo de vergüenza.

De este modo, el sostén contribuyó al establecimiento de patrones de belleza y criterios de valoración del cuerpo femenino, creó las condiciones para la fetichización del cuerpo de las mujeres, así como la sexualización y erotización del pecho; representando una alternativa para levantar y exponer los senos, pero también para crear la ilusión de poseer más volumen del que en realidad se tenía. Empero, estas concepciones de belleza se profundizaron según Paquet (1998) con la dotación de cientificismo en el ámbito de la belleza,[47] así como con el nacimiento del instituto de belleza[48] y la cirugía estética,[49] con lo cual los deseos estéticos dejaron de ser una fantasía para convertirse en realidad; es decir, fue posible realizarse el *lifting*, la supresión de patas de gallo, del rictus de la boca, la eliminación de la papada y de las bolsas de los párpados, la cirugía del vientre, de los tobillos, pero sobre todo de los tan anhelados senos que invadían las revistas y la televisión.

---

[47] En este periodo comenzaron a realizarse estudios científicos sobre los componentes de los cosméticos de aseo personal y embellecimiento, esto favoreció que productos tóxicos como la cerusa —utilizados durante siglos para el maquillaje— fueran prohibidos, y que comenzaran a producirse, comercializarse y promocionarse a gran escala y a bajos costos productos cosméticos certificados.

[48] Según Paquet (1988), el primer instituto de belleza se abrió en París en 1895; sin embargo, el canon de belleza que prevaleció fue el estadounidense. Aunque en esta época se mantenía la idea de que el maquillaje "encanalla" a la mujer, la demanda de cuidados estéticos en estos espacios fue creciendo. En los institutos de belleza se ofrecen entonces a las mujeres maquillajes y peinados, pero también se les promete enderezar las rodillas, pulir la nuca, endurecer los senos, alisar el vientre, reducir el pecho mediante el uso de instrumentos conocidos como el «aplastador», el «frotador», las «ventosas mágicas», el «compresor», el «pulidor», el «adelgazador», el «allanador», entre otros.

[49] En 1917, después de la Primera Guerra Mundial, la escultora americana Anna Coleman Ladd abrió en Francia con el apoyo de la Cruz Roja un atelier llamado "Studio for Portrait-Masks" (estudio para máscaras de retrato), donde realizaba prótesis realistas para cubrir las graves heridas y mutilaciones faciales sufridas por los soldados durante la guerra. Primero realizaba un molde en arcilla o plastilina a partir del rostro desfigurado, realizaba las prótesis en cobre galvanizado, y con la ayuda de fotos antiguas moldeaba y pintaba las máscaras cosméticas, usaba cabello real para crear las pestañas, cejas, bigotes, y las prótesis se fijaban a la cara con cuerdas o anteojos. Realizó 185 máscaras hasta el año 1920, iniciativa que le permitió a quienes habían sufrido heridas de guerra recobrar su identidad, su dignidad y su vida social, pues la cirugía plástica aún era muy rudimentaria. No fue sino hasta 1919 que la cirugía estética nació en los hospitales militares de Francia, con el fin de atender los numerosos casos de desfiguraciones, quemaduras y mutilaciones que habían sufrido los soldados durante la Primera Guerra Mundial. No obstante, la cirugía estética se desarrolló rápidamente, comenzó a trascender las motivaciones médicas y fue vista como un ámbito a explorar desde la perspectiva del negocio; esto permitió que comenzaran a realizarse cirugías estéticas de carácter electivo sobre los cuerpos de las mujeres con el propósito de adecuarse a los estereotipos de belleza de la época.

La década de los 20 trajo consigo cambios significativos en lo que refiere la situación social y la imagen de la mujer. En 1920, en los Estados Unidos de Norteamérica fue aprobada la XIX Enmienda a la Constitución que otorgaba el derecho de voto a las mujeres, es decir, la concreción de los objetivos sufragistas del feminismo; sin embargo, este hecho creó en el imaginario social la falsa idea de que las mujeres ya habían alcanzado la igualdad. De acuerdo a ello, esta aparente liberación femenina fue representada por los medios de comunicación y por la emergente industria de la moda y la cosmética a través de las *flappers*,[50] mujeres de sexualidad pseudo-liberada como las calificaría Shulamith Firestone (1976), quienes encarnaron el prototipo de la mujer americana: bella, joven, moderna, a la moda y exitosa.[51]

Empero, esta idea de liberación femenina desde la perspectiva de la industria de la moda y la belleza significó aproximarse a lo masculino,[52] por tanto, el estereotipo de belleza en esta época se caracterizó por la posesión de una imagen andrógina. Las *flappers* prescindieron de una silueta femenina adornada o modificada por artificios, por lo cual el canon instalado consistió en un cuerpo delgado,[53] esbelto y tonificado, de apariencia plana, senos y glúteos pequeños, cintura angosta, vientre plano, piernas largas y cabello corto (corte *bob cut*); cuya feminidad fue afirmada por una actitud coqueta, el uso de accesorios y un rostro muy maquillado.

---

[50] El término fue utilizado durante la década de los 20 para definir y categorizar a las mujeres con un nuevo estilo de vida no convencional y de actitud desafiante ante la feminidad tradicional impuesta.

[51] Las *flappers* fueron explotadas por las emergentes industrias del cine, la moda y la cosmética; sin embargo, beber, fumar, bailar, mantener relaciones sexuales ocasionales y extramatrimoniales, manejar automóviles y asistir a clubes las hizo acreedoras de fuertes críticas y sanciones sociales al transgredir las expectativas y exigencias de la feminidad.

[52] En Francia, durante esta época surgen las *garçonne*, "mujeres-chico", quienes ante el contexto de la desigualdad entre hombres y mujeres desafiaron el mandato social asumiendo la vestimenta y comportamientos masculinos. Las *garçonne* se vestían con traje, esmoquin y corbata, e hicieron uso de monóculos, bastones y boquillas, accesorios hasta entonces reservados a los hombres; actitud y apariencia que causó gran rechazo y conmoción en la sociedad.

[53] Si bien es cierto que históricamente las sociedades occidentales han demostrado una evidente preferencia por los cuerpos delgados, la instauración de la delgadez como canon de belleza durante la década de los 20 no fue del todo azarosa, por el contrario, esta estuvo fuertemente influenciada por la austeridad de la Primera Guerra Mundial (1914-1918) y su profundización con la crisis económica de 1929. De este modo, un canon de belleza fundamentado en la delgadez permitiría esconder y evadir los efectos en la población de las políticas de austeridad, la precarización de la vida, así como la pauperización, desnutrición y malnutrición de la población.

Esta imagen se complementó con nuevas tendencias de moda,[54] principalmente vestimentas prácticas, sencillas y elegantes que no oprimían como antaño el cuerpo de las mujeres; por tanto, les otorgaba comodidad, movilidad y mayor posibilidad de inserción y participación social y laboral. Este canon de belleza fue encarnado por la bailarina y novelista Zelda Fitgerald, conocida como "la primera *flapper* de Estados Unidos", así como por las actrices del cine mudo Clara Bow Brews y Louise Brooks.

Zelda Fitgerald.

Clara Bow Brews.

[54] La moda de los años 20 estuvo significativamente influenciadas por Coco Chanel, sus propuestas convirtieron rápidamente en obsoletas las tendencias impuestas por Paul Poiret, cuya casa de moda quebró a fines de los años 20.

Louise Brooks.

Los años 30 significaron un cambio radical en el canon de belleza femenina, la chica andrógina pasa de moda y desde entonces se inició un proceso sin retorno de cosificación y explotación de la imagen, el cuerpo y la sexualidad de la mujer. En este periodo, el canon de belleza estuvo conformado por cuerpos delgados pero sensuales, cintura ceñida, pechos llamativos, piernas largas, piel blanca, cabello rubio, ondulado y con volumen, cejas altas y esculpidas en arco, nariz fina, y labios definidos, carnosos y maquillados. Canon de belleza que Hollywood ayudó a difundir, institucionalizar y masificar con actrices como Mae West y Jean Harlow.

Mae West.

Jean Harlow.

Pero no bastó con ello, estos estereotipos también fueron difundidos a través de las revistas, la publicidad e incluso en los dibujos animados, con emblemáticos personajes como Betty Boop (1932), quien, como bien señalo en el libro *Las mujeres en los dibujos animados de televisión* (2015), fue la primera personaje femenina en los dibujos animados con curvas, atrevida, de exacerbada y manifiesta sexualidad; caracterizada por una mezcla entre la inocencia y el *sex symbol*, actitud seductora por la cual fue considerada "la novia de América".

Betty Boop (1932).

En la década de los 40, el estereotipo de belleza no difiere mucho del mantenido durante los años 30, pero al canon se suman el cabello negro y los pómulos pronunciados. Prevalecen como ideales los cuerpos delgados, esbeltos y sensuales, de cintura estrecha, brazos y piernas tonificadas, así como las caderas notables; no obstante, el busto se hace más llamativo, pues las actrices comenzaron a hacer uso de la cirugía estética.

En este periodo, el canon de belleza fue representado por estrellas de Hollywood como Ingrid Bergman (la emblemática actriz de *Casablanca*), Betty Grable (a quien le decían la chica de las piernas del millón de dólares), Rita Hayworth (conocida como la diosa del amor), Jane Russell y Ava Gardner (apodada "el animal más bello del mundo"). Este "divismo", como señala Luisa Passerini (2018), fue un eslabón importante en la cadena de transmisión de los modelos de belleza norteamericanos a Europa durante el periodo de entreguerras, dado que las películas ofrecían lecciones prácticas de moda, maquillaje y comportamiento.

Ingrid Bergman.

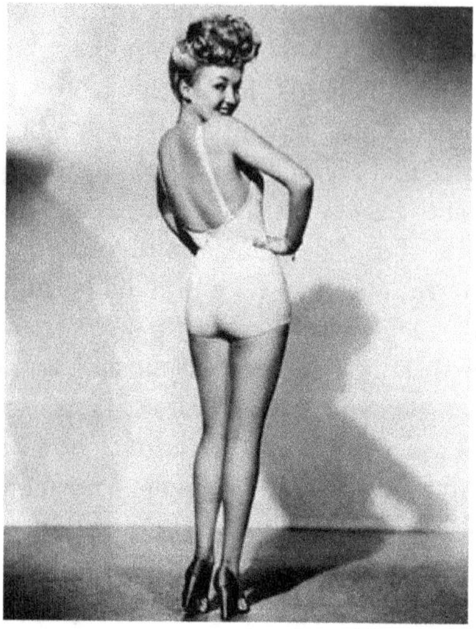

Betty Grable.

Rita Hayworth.

Jane Russell.

Ava Gardner.

Tras el fin de la Segunda Guerra Mundial, los medios de comunicación y difusión masiva jugaron nuevamente un rol fundamental, pues, con el retorno de los hombres a la actividad civil, la devaluación de la mano de obra femenina y la búsqueda de su retorno al hogar sin mayores contradicciones y contratiempos (Pineda, 2011) trajeron consigo de vuelta la imagen "femenina" tradicional: ociosa y decorativa, lo cual sentó las bases para el posicionamiento y consolidación de la industria cosmética a finales de la década de los 40 e inicios de los 50.

Por su parte, los años 50 significaron un nuevo canon de belleza, las *pin-up*,[55] también conocidas como "chicas de calendario", quienes se caracterizaron por su imagen exuberante, así como por su actitud sugerente y sensualidad exacerbada. Sus cuerpos voluptuosos se distinguieron por sus notables curvas, gran busto (como no se había visto hasta ahora), cintura pequeña, caderas anchas y redondeadas, nalgas prominentes, piernas gruesas, largas y tonificadas, piel bronceada, cabello corto, ondulado, rubio o negro, ojos grandes, cejas bien definidas, pómulos pronunciados, nariz delgada, labios gruesos y carnosos; imagen que estuvo acompañada de un elaborado maquillaje que incluía el intenso delineado de ojos y cejas, sombras en los párpados, rímel para alargar y dar mayor volumen a las pestañas, colorete en las mejillas y labios muy pintados en color rojo.

Las *pin-up*, cuyos cuerpos evocaban los relojes de arena, eran dibujadas y fotografiadas con poca ropa, amplios escotes, medias de liguero y tacones altos, lo cual las llevó rápidamente a convertirse en íconos de belleza femenina. Las ilustraciones y fotografías de artistas fundadores del *pin-up* como George Petty, Alberto Vargas, Peter Driben, Gil Elvgren y Bonny Yeager inundaron las portadas de revistas, calendarios, y fueron consideradas las imágenes predilectas para la publicidad.

---

[55] Se tiene conocimiento de la existencia del movimiento *pin-up* desde los años 20, en los años 30 las *pin-up* comenzaron a ser ilustradas en calendarios por artistas como George Petty; sin embargo, no fue sino hasta la década de los 50 que alcanzaron su máximo apogeo.

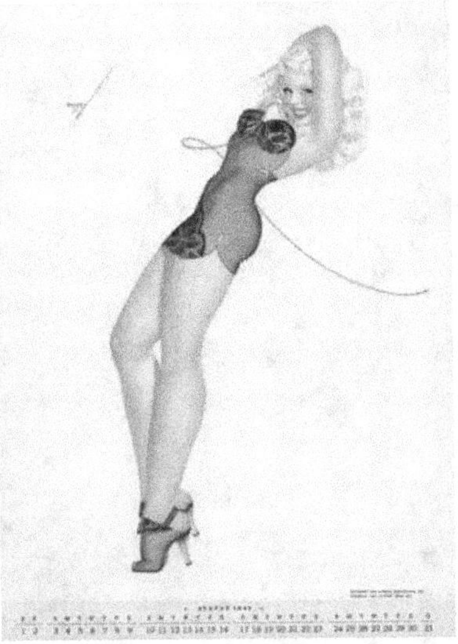

Pin-up de George Petty.

Pin-up de Alberto Vargas.

Pin-up de Peter Driben.

Pin-up de Gil Elvgren.

Finalmente, las *pin-up* fueron encarnadas en la gran pantalla por figuras como Betty Page (conocida como "la reina del *pin-up*"), Marilyn Monroe (considerada el mayor icono pop y símbolo sexual de la historia), Diana Dors, Elizabeth Taylor (declarada "la más hermosa del mundo"), Jayne Mansfield, Kim Novak, Sophia Loren y Brigitte Bardot. Pero las *pin-up* serían apenas la antesala de la construcción de todo un imperio capaz de explotar hasta sus últimas consecuencias la imagen y el cuerpo de las mujeres.[56]

Betty Page.

[56] Este estereotipo de belleza también fue explotado por la industria de la juguetería. La primera fue la muñeca alemana Bild Lilli —descrita como una joven ambiciosa de la posguerra que salía con hombres ricos, una chica en situación de prostitución o una actriz porno—, que fue creada en el año 1955 y estuvo dirigida al mercado de los hombres adultos; la emergente empresa Mattel compró los derechos e, inspirada en ella, lanzó en 1959 a la primera Barbie. Esta muñeca lucía un peinado rubio, llevaba un bañador con un estampado de cebra y, según Martínez y Muñoz (2015), poseía unas medidas irreales 100-45-80, una altura de 1,80 metros y un peso de 49 kilos, medidas antinaturales que tributaron a la creación de un patrón de belleza ilusorio.

Marilyn Monroe.

Diana Dors.

Elizabeth Taylor.

Jayne Mansfield.

Kim Novak.

Sophia Loren.

Barbie original (1959), Mattel.

Durante los años 60, las representaciones sensuales pero inocentes de las chicas *pin-up* —que hasta el momento habían tenido lugar— perdieron auge, dejaron de ser dibujadas y, si bien sus cuerpos y rostros siguieron siendo el estereotipo de belleza por excelencia, tanto en las revistas como en el cine se les demandó cada vez más una imagen sexualizada y explicita, es decir, una aparición cargada de erotismo y desnudez. En este contexto, cobró relevancia la revista *Playboy*, la cual si bien fue fundada por Hugh Hefner en 1953, no fue sino hasta la década de los 60 cuando alcanzó la fama, convirtiéndose en el nuevo referente del canon hipersexualizado de belleza femenina.

A partir de ello, *Playboy*, con publicaciones mensuales de mujeres que respondían al canon de belleza imperante, semidesnudas y en poses sugerentes, logró naturalizar, cotidianizar e institucionalizar en el imaginario colectivo la objetualización y cosificación de la mujer; la cual se consolidó en el estereotipo de "las conejitas playboy": mujeres curvilíneas y exuberantes cuya imagen y poses evocan a las *pin-up* de la década pasada.

Hugh Hefner y las "conejitas playboy".

Playboy octubre 1963.

Pero algo que diferenció a los años 60 de las diferentes etapas hasta ahora mencionadas fue la introducción de un segundo canon de belleza femenina antagónico a las conejitas playboy, pero que logró convivir junto con este.[57] Este canon de belleza emergente rescata algunos elementos de las *flappers* de los años 20, y da cuenta de una figura femenina plana y extremadamente delgada, de senos pequeños, ausencia de curvas, piernas largas y cabello corto, de apariencia adolescente y estilo andrógino, acompañado de atuendos como vestidos rectos, pantalones de pinza, sweaters de cuello alto y zapatos de tacón bajo; ideal de belleza que fue encarnado por personajes como la actriz Audrey Hepburn y la modelo Leslie Lawson, conocida como "Twiggy" (ramilla) por su extrema delgadez.[58]

Audrey Hepburn.

[57] A partir de la década de los 60, se introducen dos cánones de belleza, uno fundamentado en la idea de la exuberancia y la hipersexualización, y otro construido sobre la idea de la extrema delgadez; estos proporcionaban en las mujeres receptoras del mensaje y consumidoras de la industria de la moda y la belleza la idea de contar con opciones para elegir, aunque estuviesen siendo dirigidas y condicionadas por la industria. Desde entonces, estos dos estereotipos de belleza —si bien con las variaciones y especificidades de cada época— se mantienen hasta la actualidad.

[58] De acuerdo a lo señalado por Anne Higonnet (2018), Twiggy produjo un efecto fulgurante, pero, para tener un cuerpo como el suyo, la mayoría de las mujeres debían someterse a una dieta extremadamente rigurosa; pese a ello, la delgadez extrema se convirtió en el ideal de belleza por excelencia.

Leslie Lawson "Twiggy".

Este periodo también trajo consigo lo que Paquet (1998) denominó una auténtica revolución en los productos cosméticos, los cuales empezaron a hacerse cada vez más refinados y ofrecen nuevas gamas de colores, diferentes consistencias y untuosidades; hecho que según Jiménez (2003) introdujo la idea de armonizar el maquillaje con el vestido y el colorete de los labios con el esmalte de las uñas. De este modo, el maquillaje se institucionaliza, su uso se extiende a cualquier momento y situación de la vida cotidiana, y se crea en la mujer la idea de que sin maquillaje no luce bella; de este modo, se vuelve imprescindible, al punto que aparecer en público sin maquillaje se convierte en signo de enfermedad, descuido, abandono, tristeza u otra situación digna de atención y preocupación.

No obstante, esta consolidación de la industria cosmética no fue casual, por el contrario, estuvo significativamente influenciada por el bombardeo de los cánones de belleza en los medios de comunicación, la popularización de los implantes mamarios,[59] así como por el fortalecimiento y

[59] Afirma Jorge Díaz (2015) en su ensayo *Implantes mamarios, estado de la cuestión* que durante la década de los 60 la introducción de unos nuevos implantes mamarios de silicón, por parte de la empresa "Silastic", revolucionaron el mercado y convirtieron el aumento mamario en el segundo procedimiento más realizado de la cirugía plástica mundial.

popularización de los concurso de belleza;[60] los cuales durante la década de los 60 generaron fuertes reacciones de los movimientos feministas[61] por contribuir a la opresión patriarcal sobre el cuerpo de las mujeres mediante el establecimiento de fórmulas de medición, valoración, calificación y premiación en torno al cuerpo femenino.

Miles de mujeres acudían a los consultorios y los quirófanos para recibirlos y, pese a las complicaciones asociadas a estos procedimientos, las advertencias sobre su inseguridad y la morbilidad señalada por algunos artículos científicos, el número de nuevas pacientes llegó a más de 300000 por año solo en Estados Unidos, donde ya cerca de dos millones de mujeres las portaban.

[60] El primer concurso de belleza en los Estados Unidos, "Miss América", tuvo lugar en 1921, en 1952 se crea "Miss USA" y ese mismo año los certámenes de belleza se internacionalizan bajo la figura de "Miss Universo"; sin embargo, desde sus inicios estos concursos de belleza exigían una belleza femenina de características muy específicas: mujeres jóvenes, blancas, y cuyas medidas se fueron haciendo cada vez más estrictas, exigentes y delgadas. "La evolución de las medidas de las modelos y de las candidatas al título de Miss América así lo atestiguan: a principios de los años 20, una de las primeras Miss América medía 1,73 metros y pesaba 63,5 kilos; en 1954, las concursantes median por término medio 1,71 metros y pesaban 54,9 kilos. Entre 1980 y 1983, el peso promedio de una concursante que midiera 1,76 metros era de 53 kilos" (Lipovetsky, 1999, p. 124). En 1968, el concurso "Miss América" fue señalado de racismo, en un comunicado publicado por Robin Morgan —una de las organizadoras de la protesta contra el concurso celebrado en Atlantic City—, se afirma que, "desde sus inicios en 1921, el concurso de belleza no ha tenido una sola finalista negra, y no ha sido por falta de concursantes. Nunca ha habido una ganadora puertorriqueña, de Alaska, hawaiana o méxico-estadounidense. Tampoco ha habido una verdadera 'Miss América': una indígena americana" ("La verdad sobre las feministas que «quemaron» sus sostenes hace 50 años", *BBC*, 8 septiembre 2018). Ante ello, se realizó ese mismo año la primera edición del concurso "Miss América Negra", no obstante, en esta época tanto las críticas feministas como la respuesta del movimiento afroamericano no fueron acertadas, pues esto solo contribuyó a que se crearan estereotipos de belleza sobre las mujeres negras, lo cual favoreció la profundización de su opresión y formas de discriminación por su aspecto físico.

[61] No fue sino hasta la década de los 60 que el feminismo comenzó a preocuparse por los estereotipos y cánones de belleza instaurados y promovidos por estos concursos, los cuales convierten a las mujeres en objetos a ser exhibidos y consumidos como mercancía en el contexto de una sociedad patriarcal. Esta preocupación se hizo manifiesta a través de señalamientos, movilizaciones y protestas, entre las que destacó la jornada del 7 de septiembre de 1968 durante la realización del "Miss América" en Atlantic City, iniciativa a la que asistieron alrededor de 400 feministas, quienes portaron pancartas con la inscripción "Liberación de las mujeres" y arrojaron simbólicamente dentro de lo que llamaron el "Basurero de la libertad" traperos, lápices labiales, zapatos con tacón, *brassieres* y otros objetos considerados instrumentos de tortura y dispositivos de opresión. Empero, como ocurre con la mayoría de las movilizaciones feministas, esta fue tergiversada, lideró la desinformación y los medios de comunicación dieron paso a la creación del mito de la famosa y violenta "quema de sostenes" —que nunca ocurrió—, con lo cual se intentó neutralizar el impacto de la interpelación.

Durante la década de los 70, la despampanante imagen de las mue jeres *pin-up* cae en declive, prevalece la belleza simple y sin poses sugerentes, se prefieren los cuerpos delgados y tonificados, de senos pequeños y pocas curvas, los rostros alargados, los ojos grandes, la nariz fina y la boca pequeña de labios delgados. Esta época se caracterizó por mantener un canon de belleza oscilante entre la atrevida rubia de piel bronceada y la inocente morena de cuerpo esbelto; ideal que estuvo representado por actrices como Ali MacGraw y Farrah Fawcett.

Ali MacGraw.

Farrah Fawcett.

La moda en cuanto a la vestimenta y el maquillaje también se decantó por la sencillez, las mujeres se debaten entre llevar el cabello liso u ondulado, y apuestan por un maquillaje sutil que consistió en la aplicación de sombras coloridas en los ojos, el uso de delineador, mascara para las pestañas y colores suaves en los labios.

El cambio más significativo que tuvo lugar en los años 70 tuvo que ver con la incorporación de las mujeres afroamericanas al canon de belleza. Casi dos décadas desde su lanzamiento, la revista *Playboy*, en su número de octubre de 1971, publicó a Darine Stern, la primera modelo negra en su portada; a ella le seguiría Beverly Johnson, quien, en agosto del año 1974, hizo historia como la primera mujer negra en aparecer en la revista *Vogue Americana.*[62] No obstante, esto no supuso un triunfo para las mujeres afroamericanas, por el contrario, significaba la explotación de un nuevo grupo de la población de mujeres —hasta entonces olvidada— por parte de la industria de la moda y la belleza; pero, sobre todo, significó la profundización de la histórica cosificación, objetualización

[62] La modelo Donyale Luna fue la primera mujer negra que apareció en la tapa de la edición inglesa de la revista *Vogue* en 1966.

e hipersexualización de las mujeres negras en una sociedad patriarcal y racista.[63]

Darine Stern, *Playboy* octubre 1971.

[63] Como he señalado en el ensayo *Género, cuerpo y etnicidad: la sexualización de las mujeres afrodescendientes en América Latina* (2016), durante el periodo colonial las mujeres negras esclavizadas en repetidas oportunidades fueron requeridas sexualmente por sus esclavizadores, abusadas bajo coacción o chantaje. Esta violación de las mujeres africanas y sus descendientes nacidas en las Américas trajo como consecuencia la edificación de concepciones, imaginarios y estereotipos sobre las mujeres negras, quienes fueron consideradas por el pensamiento colonial como mujeres de una sensualidad y sexualidad exacerbada, de fácil acceso y sexualmente disponibles para todo hombre europeo que quisiese satisfacer sus fantasías y deseos en ellas. En las sociedades contemporáneas, aún se mantienen algunos elementos de este pensamiento colonial, donde el valor de las mujeres negras continúa dado por su cuerpo y su sexualidad; por ello, su incorporación en el canon de belleza y la explotación de su imagen en revistas como *Playboy* no significó un avance para las mujeres afroamericanas y menos aún un logro en la lucha contra el racismo, por el contrario, supuso la profundización de su ya existente cosificación, objetualización e hipersexualización, así como una mayor asociación de su imagen a la exhibición, la desnudez y la pornografía.

Beverly Johnson, *Vogue Americana* agosto 1974.

En la década de los 80, se profundizó el culto por los cuerpos delgados, esbeltos, tonificados y atléticos, por lo cual creció el interés por el entrenamiento físico, pero también por su indumentaria; además, en esta época reaparecieron los dispositivos para modificar, moldear y "mejorar" la figura, entre los que destacan la utilización de hombreras, fajas, *bodys*, rellenos y tacones. Se colocó la atención sobre las mujeres altas, de brazos torneados y piernas largas, así mismo, se consideraron bellas a las mujeres de rostro ovalado, pómulos y barbilla pronunciada, ojos grandes, nariz fina y labios carnosos; enmarcado con una larga y voluminosa cabellera lisa o rizada —esta última lograda a través de la novedosa técnica de la permanente—.

En este periodo, se dio el *boom* de la belleza y la intensificación de la presión mediática, según Anne Higonnet (2018), las revistas dirigidas al público femenino promueven y mantienen el interés de las mujeres por una belleza superficial,[64] al mismo tiempo que el aumento del busto comenzó a aparecer de forma reiterativa en los medios de comunicación, lo cual, junto a la masificación de la comercialización de los implantes mamarios en Estados Unidos y Europa, impuso la modificación estética como una necesidad para las mujeres.[65] Ellas deseaban aumentar su busto para emular a cantantes, actrices y animadoras de televisión; quienes no contaban con recursos económicos lo hicieron a través de *brassieres* con relleno, y aquellas mujeres con mayor poder adquisitivo pudieron conseguirlo de la mano de la cirugía estética.

En este contexto —como en décadas anteriores—, coexistieron dos cánones de belleza, la jovencita sexy pero dulce encarnada en actrices como Michelle Pfeiffer y Brooke Shields; y la desinhibida *sex symbol* representada durante los ochenta por la cantante norteamericana Madonna y la inglesa Samantha Fox.

Michelle Pfeiffer.

[64] Señala Paquet (1998), en su libro *Historia de la belleza*, que durante la década de los 80 se incrementó y popularizó la publicación de suplementos femeninos en los diarios. Estas revistas y folletos sin lugar a dudas contribuyeron a divulgar e institucionalizar estereotipos y roles de género con notas que enfatizaban en la maternidad, el hogar y la sexualidad; sin embargo, estos prestaban especial atención a la imagen de la mujer y proporcionaban consejos de dietética, higiene personal, moda y maquillaje.

[65] "En Estados Unidos, entre 1981 y 1989, las intervenciones quirúrgicas aumentaron en un 80%; ciertas evaluaciones apuntan la cifra de un millón y medio de intervenciones anuales, y cabe destacar que a una de cada sesenta americanas le han practicado implantes mamarios" (Lipovetsky, 1999, p. 124).

Brooke Shields.

Madonna.

Samantha Fox.

Los años 90 significaron la definitiva consolidación de los cánones de belleza como criterios definitorios y valorativos de la feminidad, así como la profundización del bombardeo mediático de la población con los estereotipos estéticos. En este periodo, los medios de comunicación en sus diferentes contenidos son saturados de mensajes directivos sobre la belleza femenina, los cuales sin lugar a duda favorecen que las mujeres se sientan cada vez más juzgadas por su apariencia física, y, por tanto, más presionadas a responder a los cánones de belleza imperante.

En este periodo se prefirieron los rostros ovalados, las cejas bien definidas, la nariz perfilada, los labios muy carnosos, el cabello rubio o castaño, liso o rizado pero voluminoso. Además, esta década ha sido considerada como la época de la exuberancia, donde se privilegiaron como nunca antes los cuerpos despampanantes, llamativos, voluminosos, exudantes de sensualidad; donde convergieron dos cánones de belleza, las *pin-up* de fin de siglo y las *top models*. No obstante, este periodo también se destacaría por diversificar y expandir los estereotipos de belleza a mujeres de diferentes orígenes étnico-raciales.

El ideal de belleza de las *pin-up* de fin de siglo estuvo constituido por los cuerpos hipersexualizados con senos grandes o muy grandes, cinturas pequeñas, caderas pronunciadas, grandes glúteos, piernas definidas, torneadas, voluminosas y piel bronceada. Pero estas expectativas de belleza ya no solo estaban colocadas sobre mujeres rubias como Pamela Anderson[66] y Ana Nicole Smith,[67] sino que también fueron encarnadas —por primera vez— por actrices latinas[68] como Salma Hayek (mexicana), Jennifer López (de origen puertorriqueño) y Eva Mendes (de ascendencia cubana).

Pamela Anderson.

[66] La aparición de Pamela Anderson en la serie *Baywatch* en el año 1992 revolucionó la década de los 90 y marcó un antes y un después en los imaginarios de belleza. El volumen artificial de sus pechos trajo de vuelta al imaginario a las *pin-up* de los años 50, pero al mismo tiempo instaló un nuevo estereotipo de belleza: el de las mujeres exuberantes, hipersexualizadas, con curvas y grandes pechos conseguidos con la ayuda de los implantes mamarios y la cirugía estética, hecho que contribuyó a su popularización y masificación. No obstante, la cirugía estética tuvo tanto alcance que las mujeres dejaron de ocultar que se realizaban estos procedimientos y comenzaron a ser celebrados ante las cámaras; por ejemplo, en enero de 2005 Anderson confesó que tenía nuevos implantes de seno y confirmó con orgullo que los nuevos implantes eran todavía más grandes que los anteriores.

[67] Los años 90 también se vieron significativamente impactados por Anna Nicole Smith, la modelo y actriz estadounidense conocida por ser una de las más famosas *playmate* de la revista *Playboy*. Se le llegó a considerar "la nueva Marilyn Monroe" por sus exorbitantes medidas logradas de la mano del bisturí, y contribuyó a instalar la modificación estética como requisito imprescindible para satisfacer los imaginarios y expectativas de belleza.

[68] Al igual que en el caso de la incorporación de las mujeres negras a los estereotipos de belleza en la década de los 70, esto no supuso un progreso en lo que refiere las concepciones mantenidas sobre las mujeres latinas, menos aún una mejora en sus condiciones de vida; su inclusión en los cánones de belleza favoreció la construcción del estereotipo de "la latina caliente", lo cual las haría vulnerables a prejuicios, así como múltiples y repetidas formas de violencia y explotación sexual.

Ana Nicole Smith.

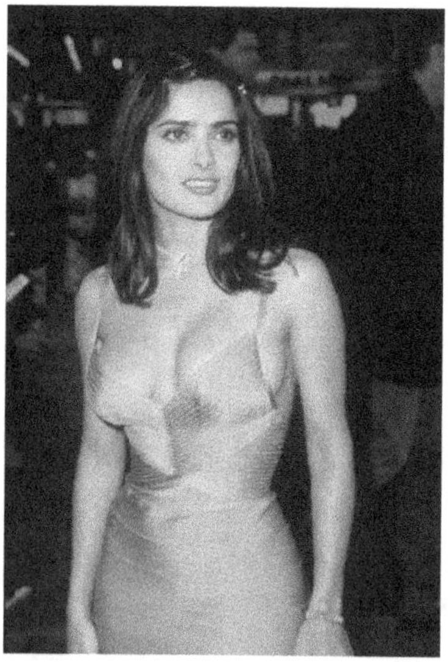

Salma Hayek.

Jennifer López.

Eva Mendes.

Por otra parte, en esta época también se consideró que el ideal de belleza lo satisfacían las mujeres altas, esbeltas, de cuerpo definido y tonificado, delgadas o muy delgadas, con senos y glúteos pequeños, apariencia plana y piernas largas. Entre estas se destacaban las súper modelos como Linda Evangelista, Cindy Crawford, Claudia Schiffer, Kate Moss (quien destacó y generó polémica por su delgadez extrema) y Gisele Bündchen; pero este canon de belleza también estuvo representado por las afroamericanas Naomi Campbell (conocida como "la diosa de ébano") y Tyra Banks.[69]

Cindy Crawford.

[69] Según Umberto Eco, el hecho de que durante la década de los 90 convivieran "la gracia anoréxica de las ultimas modelos, la belleza negra de Naomi Campbell y la nórdica de Claudia Schiffer" significaba que los medios de comunicación de masas y la industria de la moda son "totalmente democráticos"; ofrecen un modelo de belleza para aquella a quien la naturaleza ha dotado de gracia aristocrática como para la proletaria de formas opulentas, presentan a la mujer fatal y a la muchacha de cara lavada, por lo cual, a partir del siglo XX ya no se puede distinguir el ideal estético y no queda más opción que "rendirse a la orgia de la tolerancia, al sincretismo total, al absoluto e imparable politeísmo de la belleza" (Eco, 2010, p. 428). De este modo, Umberto Eco, en un absoluto ejercicio de ingenuidad o desinterés, desconoce y desestima el poder real y la influencia de los medios de comunicación y la industria de la belleza, pero, sobre todo, de los intereses que movilizan a dichas estructuras económicas; considera que basta con la inclusión de un cuerpo de grandes proporciones y un par de rostros afroamericanos para afirmar que en realidad los estereotipos de belleza han sido derrumbados, que la belleza es diversa e inclusiva, sin analizar la continuidad y las condiciones reales de estigmatización, discriminación y exclusión de quienes no responden al estereotipo de belleza caracterizado por la blanquitud, la delgadez y la juventud; así como la explotación de estas "mujeres diversas", quienes bajo el discurso de la inclusión sirven de señuelo para ampliar el mercado de consumo.

Claudia Schiffer.

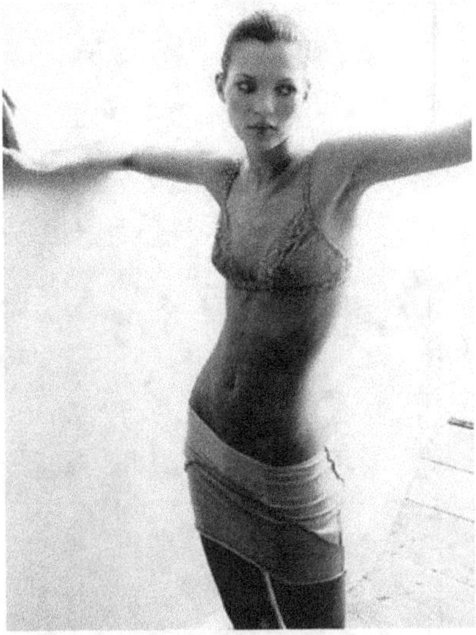

Kate Moss.

Gisele Bündchen.

Naomi Campbell.

Tyra Banks.

Pero no bastó con ello, durante la década de los 90, la imagen patriarcal de la mujer como objeto libidinoso y sexual (Marcuse, 1978) también se hizo manifiesta en los dibujos animados.[70] El estereotipo de belleza de la *pin-up* de fin de siglo con grandes senos, cintura ceñida, amplias caderas y actitud seductora y desvergonzada también estuvo encarnado por personajes como Jessica Rabbit en la película *¿Quién engañó a Roger*

[70] En los dibujos animados, las mujeres históricamente han sido representadas haciendo gala de la coquetería, la superficialidad y el interés por el maquillaje (las cuales han sido consideradas por los medios de comunicación como actitudes inherentes a la feminidad); sin embargo, hasta el momento, los estereotipos de belleza e hipersexualización de las mujeres solo se habían visto en los dibujos animados con el personaje de Betty Boop en la década de los 30.

Rabbit? (1988),[71] Minerva Mink y Enfermera en *Animaniacs* (1993), y la Señorita Belo en *Las Chicas Súper Poderosas* (1998).[72]

Jessica Rabbit (1988), *¿Quién engañó a Roger Rabbit?*

Minerva Mink (1993), *Animaniacs*.

[71] Si bien la película *¿Quién engañó a Roger Rabbit?* fue estrenada en el año 1988, esta se mantuvo en las pantallas durante la década de los 90. El animador Richard Williams llego a afirmar que Jessica Rabbit era una "fantasía masculina definitiva, hecha por un dibujante", la cual aún en la actualidad continúa siendo reconocida como un gran símbolo sexual de la animación.

[72] Al respecto, vale acotar que, como expongo en el libro *Las mujeres en los dibujos animados de televisión* (2015), estos personajes femeninos en estos contenidos televisivos son constantemente hipersexualizadas, presentadas como sujetos seductores, devoradoras, modelos de erotismo. También deshumanizadas, pues en algunos casos les es negada la representación de sus rostros y otras características de su personalidad (caso Señorita Belo), así como su participación en los diálogos (caso Enfermera), dado que en estas narrativas mediáticas y estereotípicas solo importan sus cuerpos y la sexualidad emanada de ellos.

Enfermera (1993), *Animaniacs*.

Señorita Belo (1998), *Las Chicas Súper Poderosas*.

Durante la década del 2000, desaparece nuevamente el estereotipo de belleza fundamentado en las grandes proporciones y, al mismo tiempo, el canon de belleza de las súper modelos pierde protagonismo. En este contexto se erige con más fuerza que nunca la delgadez extrema como el ideal de belleza, por lo que puede denominarse este periodo como "la era de la anorexia", la cual fue encarnada por actrices como Natalie Portman, Keira Knigtley y estrellas de la música como Victoria Beckham, Cristina Aguilera, Britney Spears.

Natalie Portman.

Keira Knigtley.

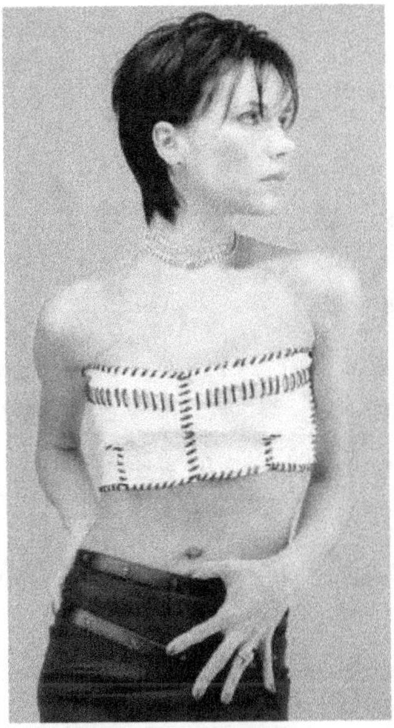

Victoria Beckham.

Cristina Aguilera.

Britney Spears.

En esta época se consolida como ideal de belleza una figura extremadamente delgada y ausente de curvas, los pechos pequeños, los brazos delgados, la cintura estrecha, el vientre plano, los glúteos de pocas proporciones y las piernas largas y flacas. Este estereotipo de belleza de características anoréxicas y enfermizas, difundido y reforzado por los medios de comunicación, la publicidad y la industria de la moda, lamentablemente tuvo un significativo impacto en la emergencia, proliferación y profundización de los trastornos alimenticios;[73] pese a ello, el estereotipo de belleza de esta década no cambió[74] y continuó el bombardeo mediático de una figura ultra delgada que convocaba a las mujeres a la enfermedad y a la muerte.

[73] En el año 2006 se difundieron a nivel mundial las imágenes de la modelo Nataliya Gotsiy durante el desfile Primavera-Verano de Guy Laroche, donde se podía evidenciar el preocupante estado de anorexia de la modelo. En el año 2006 murió a los 21 años Ana Carolina Reston, una modelo brasileña víctima de la anorexia; ese mismo año, como consecuencia de un ataque cardiaco, falleció sobre la pasarela la modelo uruguaya Luisel Ramos, y seis meses más tarde, en febrero de 2007, también murió su hermana, la modelo Eliana Ramos, con un cuadro de "alimentación deficitaria"; este hecho dejó en evidencia las exigencias extremas y criminales que la industria de la moda impone a las modelos.

[74] En este contexto, durante el año 2004 la marca de cosméticos Dove lanzó una campaña publicitaria denominada "Por la belleza real", para su realización fueron elegidas al azar mujeres pertenecientes a diversos grupos etarios, étnicos y raciales, de diversas contexturas corporales y facciones físicas, quienes aparecieron en revistas, vallas y televisión mostrando diversas

Este estereotipo de belleza fundamentado en la delgadez extrema también se mantuvo durante la segunda década del nuevo milenio, representado por modelos como Isabel Goulart (una de los Ángeles de Victoria Secret), Cassi van den Dungen (finalista del *reality show Australia's Next Top Model*) y más recientemente por Kendall Jenner; sin embargo, a diferencia de la década anterior, este canon de belleza anoréxico ha coexistido con el retorno de las *pin-up* de finales de los años 90. La década del 2010 trajo consigo la reivindicación de las mujeres con curvas y siluetas voluptuosas, con senos y glúteos inmensos, cinturas muy pequeñas y caderas muy grandes; sin embargo, este estereotipo de belleza responde en la mayoría de los casos a cuerpos excesivamente modificados por la cirugía plástica, cuya principal representación en la actualidad lo constituye la *socialité* Kim Kardashian y sus hermanas.

Isabel Goulart.

contexturas y peso corporal, cabello canoso, piel con pecas, estrías, cabello rizado natural, arrugas, sin ser —aparentemente— retocadas y editadas; campaña que pretendía promover la autoaceptación y deconstruir los estereotipos de belleza. 10 años después, la marca Special K fue relanzada con una nueva campaña titulada #MasVidaMenosDietas, orientada a impulsar una imagen saludable y natural del cuerpo de las mujeres con mensajes como "libérate de los estereotipos", "deja la dieta y empieza a vivir saludablemente", "súmate, olvídate de las dietas", "la dieta ya no está de moda, lo de hoy es disfrutar", "deja de contar calorías y empieza a contar sonrisas", con el propósito de promover la confianza, la aceptación y la dignidad subyacente a cada cuerpo. Este recurso publicitario ha comenzado a ser utilizado por las empresas cada vez con más frecuencia, entre ellas es posible considerar a la marca de cosméticos Esika y la empresa de telecomunicaciones Wow; sin embargo, estas campañas no transforman ni eliminan los estereotipos de belleza, por el contrario, solo crean las condiciones para que las mujeres de los márgenes, que se encontraban fuera del canon de belleza, consuman sus productos de siempre. Entre estos destacan las cremas blanqueadoras, las cremas antiarrugas, las cremas anticelulitis, entre otros diversos productos que venden a las mujeres la ilusión de alcanzar el tan ansiado canon de belleza.

Cassi van den Dungen.

Kendall Jenner.

Kim Kardashian.

Familia Kardashian.

Además, es importante mencionar que esta época se ha caracterizado por ofrecer una apariencia de diversidad e inclusión en la conformación del canon de belleza mediante la incorporación de modelos como Tara Lynn, Tess Holliday y Ashley Graham (*curvy* o talle grande), Winnie Harlow (vitíligo), Alexandra Kutas (silla de ruedas), Aimee Mullins y Debbie van der Putten (amputaciones de brazo o piernas), Carmen Dell' Orefice (adulta mayor), Madeline Stuart (síndrome de Down), Moffy Gathorne Hardy (estrabismo), entre otras.

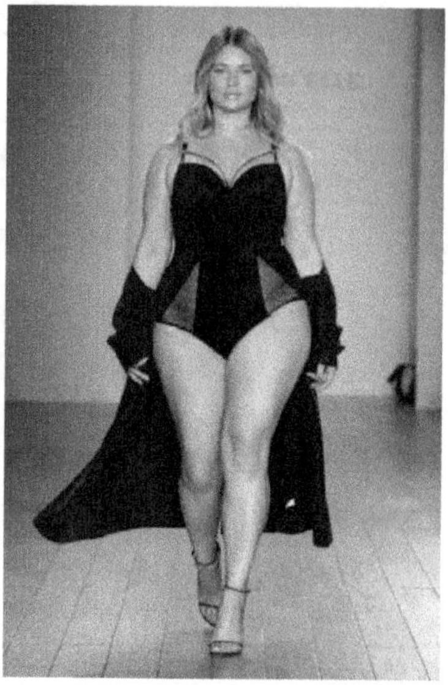

Tara Lynn.

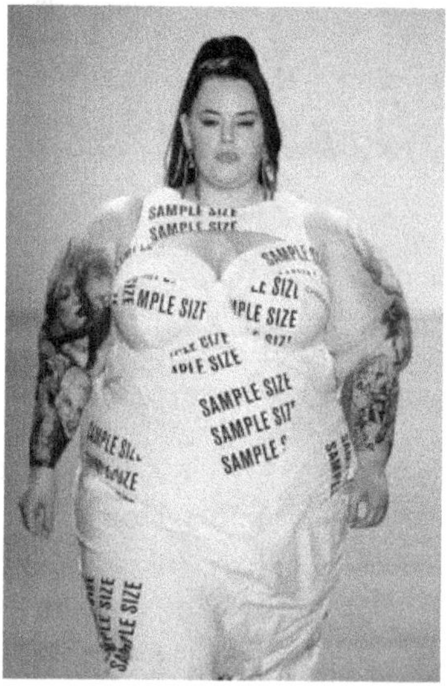

Tess Holliday.

Ashley Graham.

Winnie Harlow.

Alexandra Kutas.

Aimee Mullins.

Debbie van der Putten.

Carmen Dell' Orefice.

Madeline Stuart.

Moffy Gathorne Hardy.

Sin embargo, pese a la notoriedad y cobertura mediática que estas modelos han alcanzado, su participación continua siendo marginal, estos no dejan de ser casos aislados y excepcionales, pues la industria de la moda y la cosmética en términos estructurales no se han modificado y se sostiene —como en el pasado— sobre la base de rígidos cánones de belleza. A razón de ello, es posible considerar que estas modelos de diversa contextura, aspecto, edad y condición han sido utilizadas por la industria de la belleza para convocar y ampliar el espectro de sus consumidoras; pero también para contrarrestar e invalidar las críticas dirigidas a la industria, señaladas durante décadas por mantener practicas excluyentes y discriminatorias, así como por promover modelos de belleza insanos.

Ahora bien, la revisión, identificación y visibilización de los cánones, estereotipos y exigencias de belleza que han tenido lugar en las diferentes etapas del proceso histórico social permiten comprender y poner de manifiesto que:

1) Si bien no siempre fue preeminente, la existencia de concepciones, valoraciones, estereotipos de belleza y su exigencia a las mujeres han estado presentes a lo largo de la línea histórica social de la humanidad; las cuales se han agudizado en las últimas décadas.

2) Los cánones y estereotipos de belleza impuestos a las mujeres siempre han sido creados, direccionados, difundidos, promovidos y exigidos

por hombres. Han sido los hombres que detentan el poder político, económico, religioso, académico, médico, mediático o empresarial quienes les han dicho a las mujeres qué es la belleza, cómo conseguir la belleza, quiénes son bellas y cómo deben lucir para ser consideradas bellas.

3) Es posible considerar cinco épocas de los cánones de belleza de acuerdo a la fuente de su producción y divulgación: los producidos por el arte clásico (escultura y pintura), los producidos por la industria del cine, los producidos por la industria de la moda, los producidos por la industria de la música y, finalmente, los producidos en la actualidad por las redes sociales.

4) Los estereotipos de belleza sin lugar a duda han cambiado sus representaciones y proporciones a lo largo del tiempo, así como las exigencias de belleza sobre las mujeres se han profundizado con la lógica de mercado y se han mediatizado y masificado a través de los *mass media*.

5) El bombardeo mediático impide a las mujeres pensar y rememorar los cánones de belleza de décadas anteriores. El canon actual siempre es presentado como único, fijo, inamovible y permanente, estrategia mediante la cual se evita que las mujeres puedan encontrar similitudes, aceptación y conformidad de su cuerpo con respecto a los cánones de belleza del pasado; situación que las obliga a consumir eternamente productos, técnicas y procedimientos de belleza para satisfacer y cumplir con los estereotipos que en cada década les son impuestos.

Capítulo 2

Concepciones, estereotipos y exigencias de belleza femenina en la sociedad actual

Los cánones de belleza han estado presentes en las diferentes etapas del proceso histórico social, los cuales desde la antigua Roma iniciaron un progresivo y explícito proceso de feminización de la belleza. No obstante, esta belleza física siempre exigida a las mujeres fue también siempre creada, definida, instalada, difundida, institucionalizada y demandada por los hombres; quienes han detentado el poder político, religioso, económico, social, cultural, académico, médico, mediático y empresarial.

Durante siglos, a las mujeres se les exigió verse bellas para satisfacer los imaginarios masculinos en el contexto de una sociedad desigual y patriarcal, y, aun cuando la belleza les fue prohibida, este mandato se hizo manifiesto principalmente a través de los procesos de socialización familiar, los textos sagrados, el arte en sus expresiones escultóricas y pictóricas, así como mediante la literatura, donde se describían ampliamente las características, beneficios y perjuicios de la tan codiciada pero temida belleza femenina.

Además, si algo demuestra el recorrido por la historia de la belleza es que con independencia del canon imperante esta no es algo que simplemente se posee, sino que debe ser construida, mejorada o profundizada a través de distintos materiales, artificios, técnicas, instrumentos y dispositivos. Esto ameritó necesaria e imprescindiblemente la tenencia de recursos económicos para su financiamiento, así como la disponibilidad de tiempo de ocio para su realización y aplicación; por ello, la belleza durante siglos estuvo reservada y estrechamente determinada por la clase social de las mujeres.

Es durante el siglo XX que las exigencias y consejos de belleza salen del círculo familiar y de los tratados escritos por figuras religiosas, políticas, médicas y literarias, masificándose a través de revistas, periódicos, radio y televisión. Esta masificación traería como consecuencia un proceso de universalización de los ideales de belleza estadounidenses y su adopción o persecución por parte de la mayor cantidad de mujeres alrededor del mundo con independencia de su clase social.

Empero, la belleza estadounidense del siglo XX, contrario a los cánones de belleza europea anteriormente dominantes (tendentes a mantenerse durante siglos, organizados y divididos en etapas como la Edad Antigua, la Edad Media, la Edad Moderna y los primeros siglos de la Edad Contemporánea), se caracterizó por su condición desechable; es decir, los cánones de belleza estadounidenses son definidos, instaurados, divulgados, promovidos, adoptados, rápidamente consumidos, caducados y descartados en poco menos de una década.

Este hecho responde a que la belleza estadounidense en la sociedad contemporánea se ha caracterizado por ser una belleza mercantilizada, seriada, reproducible, uniforme, estandarizada, masificable y rápidamente descartable, en consonancia con el proceso de racionalización, mercantilización, industrialización y tecnificación de la sociedad. A razón de ello, durante el siglo XX evidenciamos un proceso de popularización y masificación de los cánones de belleza a través de medios audiovisuales como el cine, la televisión, la radio, así como mediante medios impresos como revistas y la publicidad transmitida a través de ellos.

> A lo largo del siglo XX, la prensa femenina, la publicidad, el cine, la fotografía de modas han difundido por primera vez las normas y las imágenes ideales de lo femenino a gran escala. Con las estrellas, las modelos y las imágenes de *pin-up*, los modelos superlativos de la feminidad salen del reino de lo excepcional e invaden la vida cotidiana. Las revistas femeninas y la publicidad exaltan el uso de productos cosméticos para todas las mujeres. Al mismo tiempo, se desencadena una dinámica irresistible de industrialización y democratización de los productos de belleza. Desde hace un siglo, el culto del bello sexo ha adquirido una dimensión social inédita: ha entrado en la era de las masas. El desarrollo de la cultura industrial y mediática ha permitido el advenimiento de una nueva fase de la historia del bello sexo, su fase comercial y democrática. (Lipovetsky, 1999, p. 119)

Pero esta divulgación de los cánones de belleza estadounidense a través de los medios de comunicación masiva, el cine y la publicidad no solo se ha mantenido durante el siglo XXI, se ha profundizado y la caducidad de los cánones de belleza se han acelerado cada vez más, en correspondencia con el paradigma de la obsolescencia programada imperante. Además, la difusión y transmisión de las nociones sobre lo estético y lo no estético durante el siglo XXI se han incrementado y profundizado a través de la industria de la moda, la industria cosmética, la industria de los concursos de belleza,[75] la industria pornografía, la industria discográfica, la industria juguetera, la industria médica y farmacéutica, del ciberespacio y de las redes sociales. Estas industrias multimillonarias durante décadas han bombardeado a las mujeres con estereotipos y prototipos de belleza para que se conviertan en consumidoras de los productos y servicios que ofrecen, los cuales aparentemente les permitirían alcanzar la tan anhelada belleza por ellas difundida; pero, al mismo tiempo, estas industrias han convertido a las mujeres en objetos de consumo, es decir, en la atractiva carnada que se ofrece junto al producto para que este sea consumido.

De acuerdo a ello, es posible afirmar que la industria de la belleza y aquellas que la sostienen convirtieron a las mujeres en objeto de consumo, pero también en sujetos consumidores; por su parte, los hombres que definen los objetos de consumo y los sujetos a quienes estos están dirigidos se convirtieron a sí mismos en receptores, espectadores y consumidores de la belleza femenina, es decir, de las mujeres hechas objeto; en el contexto de relaciones de poder donde la mujer sufre la belleza impuesta, mientras que el hombre la goza y la disfruta.

Este conjunto de narrativas, representaciones, prácticas e instituciones que ejercen una presión perjudicial y formas de discriminación sobre las mujeres para obligarlas a responder al canon de belleza imperante, así como, el impacto que éste tiene en sus vidas, es lo que he denominado violencia estética; la cual además se fundamenta y erige sobre la base de premisas sexistas, gerontofóbicas, racistas y gordofóbicas.

---

[75] Los concursos de belleza se orientan a juzgar el físico de las participantes, contribuyen a su objetualización e hipersexualización, es decir, estos concursos crean las condiciones para que niñas, adolescentes y mujeres sean valoradas de manera exclusiva a partir de su imagen física, lo cual va a generar distorsiones valorativas y autovalorativas. Las niñas y adolescentes crecen asumiendo que solo tienen un valor social en la medida en que responden a las exigencias estereotípicas de la sociedad contemporánea y, quienes no respondan al canon de belleza establecido, deberán ser descartadas y excluidas de los marcos relacionales y valorativos.

La belleza sexuada y sexista

Los cánones y estereotipos de belleza en el pasado y en la actualidad han sido una construcción sexuada y patriarcal. Esto significa que han sido creados por los hombres y para los hombres, es decir, para el disfrute y beneficio de ellos; no obstante, esta belleza debe ser asumida como un mandato por las mujeres y puesta en práctica por ellas. Este hecho explica la existencia de un exclusivo culto al cuerpo femenino y la vehemente exigencia de belleza a las mujeres, pues esta ha sido considerada una condición inherente y definitoria de la feminidad.

El carácter patriarcal de la belleza queda en evidencia en el hecho de que, mientras que en las mujeres la belleza aumenta su feminidad, en los hombres disminuye la masculinidad. Desde esta perspectiva, una mujer para ser mujer debe ser bella, si no es bella o al menos persigue serlo, no es mujer, y a una mujer se le considera más mujer en cuanto que es bella;[76] sobre los hombres, por su parte, no pesa la exigencia de la belleza, por el contrario, la belleza es mal vista e indeseada. Si en los hombres la belleza se posee de forma natural debe mantenerse descuidada, desaliñada, rústica, viril; si por el contrario esta belleza es buscada o fue fabricada, es decir, producto de la aplicación de tratamientos cosméticos, farmacéuticos o quirúrgicos, se convierte en objeto de críticas, burlas, pero sobre todo, en objeto de sospecha, pues la masculinidad del sujeto es puesta en cuestión.[77]

> En el caso de los varones, las preocupaciones acerca de la belleza tendían a perder importancia frente a la preocupación moral de tener personalidad o quizá tomaban una forma más íntima, discreta y privada, circunscripta en torno al desarrollo genital y el tamaño del pene. Una atención a la belleza considerada excesiva disminuía a los ojos de estos varones heterosexuales

---

[76] Con frecuencia las mujeres que no reproducen los estereotipos de belleza tradicionales, socialmente promovidos y exigidos se enfrentan a comentarios en los que se les considera descuidadas, se cuestiona su feminidad, se pone en duda la heterosexualidad, siendo frecuente las exhortaciones a ser más "femenina", arreglarse más y hacer un esfuerzo por verse "bien"; es decir, a reproducir el canon, considerado como la única forma válida de belleza y de feminidad.

[77] Así lo ilustra la película venezolana *Pelo Malo* (2014), en la cual Junior —su protagonista—, un niño de 9 años, transcurre toda la trama haciendo referencia a su deseo de tener el pelo liso para su foto escolar. Se mira ante el espejo, se imagina su cabello rizo alisado e intenta sin éxito alisarlo para verse como un cantante, lo cual detona el malestar y rechazo de su madre al considerarlo homosexual.

su masculinidad y los acercaba peligrosamente al campo de lo femenino y la homosexualidad. (Blázquez, 2011, p. 131)

Pero cuando a la mujer se le exige cada vez más en lo estético, al hombre no se le exige nada;[78] de acuerdo a ello es posible afirmar que la belleza es una exigencia exclusivamente femenina, la cual no solo se mantiene, sino que se ha profundizado significativamente en la sociedad contemporánea. De acuerdo a ello, y según Rodríguez (2000), se consideran bellas a las mujeres con rostro ovalado —las caras redondas y rellenas han perdido atractivo estético—, pómulos y barbilla marcados y pronunciados, mandíbula bien definida, nariz pequeña y muy fina, labios carnosos, prominentes y entreabiertos, sonrisa amplia, dentadura grande y vistosa, enmarcado con una larga y lisa melena. En lo que refiere a la corporalidad, en la actualidad, para ser consideradas bellas a las mujeres se les exige ser jóvenes, ser delgadas, ser blancas y responder a uno de los dos cánones de belleza imperantes: la *pin-up* de grandes proporciones[79] o la modelo/ *miss* anoréxica.[80]

No obstante, la convergencia y convivencia de estos dos estereotipos de belleza[81] antagónicos en las diferentes etapas de la historia ha creado en

[78] Este hecho ha sido alertado en repetidas oportunidades por investigaciones académicas, movimientos feministas e individualidades; sin embargo, también ha comenzado a ser visibilizado en diferentes espacios por íconos de la gran pantalla. La organización The Representation Project puso sobre el tapete las desigualdades de la industria en la 87.° ceremonia de los premios Oscar, mediante la campaña #AskHerMore (pregúntale más), apoyada por la actriz Reeese Witherspoon. De acuerdo a esta organización, en galas como las de los Oscar, las mujeres están presionadas a responder a preguntas sobre su apariencia, vestidos, zapatos, peinados y maquillaje, mientras que los hombres son consultados sobre sus papeles, expectativas y proyecciones.

[79] Como he señalado anteriormente, el canon de belleza de las *pin-up*, con independencia de su época, se ha caracterizado por ser cuerpos con curvas muy pronunciadas, exuberantes, voluminosos, grandes senos y glúteos, cintura muy pequeña, caderas anchas y pronunciadas, grandes proporciones naturales o logradas por la mano de la cirugía estética.

[80] El canon de belleza de la *miss* o la modelo anoréxica se caracteriza por la delgadez extrema, ausencia de masa muscular y curvas, imagen plana, senos y glúteos pequeños, cintura estrecha, vientre plano, caderas angostas, estatura alta, piernas largas, imagen que evoca a la infancia y a la adolescencia por la ausencia de rasgos corporales que visibilicen el desarrollo de la mujer adulta.

[81] Según Lipoversky (1999), distintos cánones de belleza han logrado convivir porque están dirigidos a públicos diferentes. Para el sociólogo francés, la mujer fatal es una belleza para-el-deseo-masculino, es decir, que está dirigida a captar la atención de los hombres; mientras que el canon de la modelo y su línea «esparrago» constituye un espectáculo destinado a seducir de manera prioritaria a las mujeres convertidas en consumidoras.

las mujeres la sensación de que tienen opciones, que pueden elegir, optar por un canon o por otro, con el propósito de que no se perciba como una imposición del grupo social o de la industria de la belleza y la cosmética; no obstante, la realidad es que la mayoría de las mujeres de distintos grupos etarios, étnico-raciales y expresiones corporales quedan fuera de estos estereotipos. Ninguno de estos cánones representan una opción real para las mujeres, menos aún una opción que no atente contra su salud física o mental, así como que no las humille y cosifique socialmente.

Ahora bien, esta exigencia de belleza demandada a las mujeres en la sociedad contemporánea supone también la exigencia de la modificación corporal, pero para que esta pudiera ser socialmente aceptada, era necesario transformar los imaginarios sociales. En este contexto se desarrolla un proceso de desmitificación, desromantización y objetualización del cuerpo, donde deja de ser considerado la obra perfecta de Dios (como en la Edad Media) o el cuerpo perfecto de acuerdo a su naturaleza, armonía y simetría (como en la antigua Grecia y el Renacimiento), para ser concebido como un objeto imperfecto y fragmentado, cuyas partes pueden ser modificadas, intercambiadas e intervenidas para alcanzar la tan exigida, perseguida y anhelada perfección estética. De esta forma, la mujer, y por tanto su corporalidad, se convierte en un objeto al cual se le contiene o se le libera, se le quita o se le pone, se le añade y se le vuelve a quitar, se le reduce o se le aumenta, se le aumenta y se le vuelve a aumentar; modificaciones y repetidas intervenciones que van a depender de los cánones y estereotipos de belleza instaurados en una determinada época.

Gerontofobia y el deseo de eterna juventud

Los cánones de belleza tanto en el pasado como en la actualidad se han fundamentado siempre en el profundo rechazo a la vejez y en la persecución de la eterna juventud. Nuestras sociedades son gerontofóbicas, es decir, en las que existe un miedo irracional e injustificado a envejecer, donde se desprecia y rechaza a los adultos mayores, y en las cuales se asocia a la vejez con el cansancio, la corrupción del cuerpo, las carencias, la decadencia y la enfermedad. En contraposición, las características neonatales, la ausencia de defectos y por tanto la juventud son sobrevalorados e indivisiblemente asociadas a la frescura, la salud, el vigor, el éxito y la belleza. De acuerdo a ello, existe una obsesión social por mantenerse joven, pues si bien la juventud no es el único requisito para ser considerada bella, sí es una condición imprescindible.

Esta obsesión por la juventud y la antiedad ha sido constantemente promovida por los distintos agentes socializadores, los medios de comunicación masiva y la industria de la belleza a través de un fuerte cuestionamiento al proceso de envejecer, la exclusión de las mujeres adultas de las concepciones de belleza (pues en los imaginarios sociales la vejez no es ni remotamente considerada bella), la presentación del amor y la sexualidad como inviable después de los 45 años, y la invisibilización de las adultas mayores en la industria de la moda y la publicidad,[82] los medios de comunicación y el cine;[83] entre otros discursos, prácticas y estrategias que profundizan el rechazo y la angustia de las mujeres con respecto al envejecimiento. La juventud entonces es promovida como una necesidad, la cual debe ser conservada y perpetuada por las mujeres que la poseen, y conseguida de vuelta por quienes ya la han perdido, por ello:

---

[82] En la industria de la moda una mujer de más de 25 años es considerada vieja, en la industria del cine y la televisión las mujeres comienzan a ser descartadas cuando se aproximan a los 40 años, mientras que en la publicidad, las treintañeras son quienes representan a las mujeres adultas en los comerciales dirigidos a vender productos cosméticos antienvejecimiento. En las pocas oportunidades en que las adultas mayores son incluidas, generalmente sus fotografías y videos suelen ser editados digitalmente, además, el único momento en el cual la publicidad presenta a mujeres mayores (alrededor de los 50 años) es en los comerciales de anteojos, pegamentos para prótesis dentales y pañales para la incontinencia.

[83] En el cine y la televisión las mujeres maduras son descartadas, dejan de ser consideradas atractivas, llamativas e interesantes, son desexualizadas y calificadas por directores, productores, críticos y espectadores como feas, viejas y desgastadas. Progresivamente, son desconvocadas de los espacios, incineradas mediáticamente, y ven sus carreras diluirse si no se someten a las tan promocionadas cirugías estéticas. Ante ello, se ven obligadas a realizarse el *lifting*, implantarse los pómulos e inyectarse los labios con colágeno, también se realizan liposucciones y se colocan implantes de glúteos y de senos, en un último y desesperado intento por mantener la juventud y la imagen sexual que según los señalamientos se desvanece. No obstante, tras la realización de estos procedimientos —con el objetivo de mantener con vida un poco más a sus carreras—, cuando reaparecen públicamente con su nueva imagen son duramente criticadas, descalificadas y ridiculizadas, expuestas a la burla y el escarnio. Se les interpela por haberse operado, por llevar tanto maquillaje, por no lucir como antes; además, a partir de allí solo son reseñadas en los medios de comunicación por los cambios que se realizaron, lo diferentes o mal que quedaron, siendo expuestas y convertidas en una caricatura; mientras que los hombres de su misma generación continúan haciendo protagónicos, ganando miles de dólares y ligando jovencitas a quienes se les han dicho que no son hombres viejos, sino "hombres interesantes y con experiencia".

> Mentir acerca de la edad es parte de la mística femenina que aprendemos muy temprano en la vida. Maquillamos nuestra edad igual que nuestro rostro, para parecer lo que no somos (...) no preguntar la edad y no decirla después de cierto punto se ha convertido en una broma universal. (Freedman, 1991, p. 232)

Este miedo al envejecimiento y la obsesión por mantener y conseguir la juventud previamente creada por la industria de la belleza es posteriormente aprovechado por ella. A las mujeres no se les debe notar la vejez o el proceso de envejecimiento, las canas deben ser ocultadas con el tinte, las arrugas, las líneas de expresión y las bolsas bajo los ojos deben ser camufladas con el maquillaje, las manchas cutáneas deben ser aminoradas con cremas, y el caucho en el abdomen, la celulitis, la caída de los senos y la perdida de firmeza en los glúteos debe ser reducida mediante la realización de cirugías. Esto, según las narrativas mediáticas y publicitarias, permite a las mujeres lucir más jóvenes, detener su proceso de devaluación social, así como les proporciona la ilusión de salud, esbeltez y atractivo sexual asociado a la juventud.

El racismo estético

Una de las características predominantes de la belleza canónica es que esta, ahora como en el pasado, se ha configurado a partir de estereotipos de belleza profundamente racistas. El canon de belleza desde sus orígenes más remotos, y con excepción del canon de belleza del antiguo Egipto, ha sido un canon de belleza constituido a partir de la blanquitud, el cual, además, ha excluido de forma explícita a toda belleza que no responda a las características europeas y norteamericanas.[84]

Las mujeres negras, indígenas, asiáticas y árabes, en las diferentes etapas del proceso histórico social, han estado invisibilizadas en el canon

[84] Este hecho responde a que la estética ha sido colonizada, en la mayoría de los casos pasando desapercibida en las mentes de los hombres y mujeres de nuestras sociedades contemporáneas. La tez blanca, el cabello liso y los rasgos minuciosamente perfilados, ya sea por la mano de la naturaleza o de la cirugía estética, se erigen como los criterios líderes de la belleza del mundo. No obstante, dichos criterios prototípicos y estereotípicos a partir de los cuales se define "lo bello" responden a una herencia colonial eurocéntrica que promovió mediante la imposición, la asimilación e internalización de una estética europea y posteriormente norteamericana. De acuerdo a ello, es posible afirmar que no existe una pretendida y supuesta soberanía estética de los pueblos, existe sí, por el contrario, una

de belleza. Producto de esta sistemática y repetida exclusión, aunado a los discursos instalados por los diferentes agentes de socialización, existe consenso social sobre la idea de que las mujeres no blancas no forman ni pueden formar parte del canon de belleza europeo mantenido por diecinueve siglos, ni del canon de belleza norteamericano mantenido en los dos últimos siglos.

De acuerdo a ello, en una sociedad racista, las mujeres no blancas no son bellas, pues aunque satisfagan la expectativa de las grandes proporciones de las *pin-up* o la delgadez anoréxica, su piel, su cabello, su rostro, sus facciones, sus parpados, su nariz, sus pómulos, sus labios, no se adecúan al patrón de belleza implantado, por lo cual, son convertidas en objeto de burla, discriminación, exclusión y violencia.[85] En la actualidad, el canon

---

estética colonizada, unidimensional, uniracial y unicultural, que desmantela la diversidad cultural, étnica y racial mediante la descalificación, miorización y ridiculización de los rasgos y fenotipos de todo aquel no caucásico. Este hecho sin lugar a duda se convierte inevitablemente en el motor generador de vergüenza étnico-racial.

[85] Los rasgos indígenas y africanos son considerados poco atractivos, desagradables, e incluso para algunos repulsivos, con lo cual se ha constituido y naturalizado en el imaginario colectivo el racismo estético. Facciones como la nariz gruesa, los labios anchos o los rostros redondeados son considerados como signo de atraso étnico y social, así mismo, sobre el cabello afro recaen de manera enfática las críticas, pues con frecuencia le es atribuido el carácter de "exótico", pero la más de las veces, señalado como sucio, mal aspecto, inadecuado, callejero, vulgar, poco profesional y no estético; creando las condiciones para el rechazo y la descalificación. Ejemplos sobran, entre ellos es posible mencionar. 1) En el año 2015, tras la presentación de la actriz Zendaya Coleman en la ceremonia de los Oscar portando *dredlocks*, Giuliana Rancic, comentarista del programa *Fashion Police* transmitido por la conocida cadena E! News, refiriéndose a la imagen de la actriz, afirmó: "Siento que su cabello huele a aceite de pachulí... o a marihuana". Por su parte, la actriz Zendaya Coleman no tardó en manifestar a través de las redes sociales su agravio frente a estas declaraciones, a las que consideró una forma de discriminación y vindicó la estética afroamericana: "Hay una fina línea entre lo que es gracioso y lo que es irrespetuoso. Alguien dijo algo acerca de mi pelo en los Oscar que me dejó sorprendida... Decir que una mujer de 18 años con *dreadlocks* huele a pachulí o a cannabis (diferentes plantas herbáceas) es un estereotipo muy ofensivo... ¿Quieren saber lo que Ava Du Vernay (directora de los Oscar y nominada por la película Selma), Ledisi (9 veces nominada a los Grammys, cantautora y actriz), Terry McMillan (escritora estadounidense y defensora de la mujer), Vimcent Brown (profesor de estudios africanos de la Universidad de Harvard), Heather Andrea Williams (historiadora de la Universidad de Harvard y de la Universidad de Yale), y tantos otros hombres, mujeres y niños tienen en común? *Dreadlocks*. Y ninguno de ellos huele mal. Ya hay suficiente crítica al respecto del pelo de los afroamericanos en esta sociedad, con la ayuda de todos los ignorantes que deciden discriminarlos por su tipo de cabello. Yo usé los *dreadlocks* en la alfombra roja para recordarles a las personas de color que nuestro pelo es lo suficientemente bueno" (Pineda, 2015, sp.). 2) En el año 2015, durante la emisión del programa de entretenimiento *El Gordo y La Flaca*, el presentador Rodner Figueroa expresó, mientras en pantalla se mostraba una

de belleza sigue siendo tan blanco y occidental como en el pasado, y se continua excluyendo y limitando la presencia de diversidad racial, étnica y fenotípica en la industria de la moda, la industria cosmética, la industria publicitaria, la industria juguetera, entre otras.

Los medios de comunicación han sido determinantes para la creación, consolidación, difusión y transmisión de estos imaginarios de belleza racistas; así lo han puesto en evidencia Cheryl Prüssing y Constanza Salazar (2009), quienes a partir de un estudio realizado manifiestan cómo en determinadas revistas analizadas existe desprecio hacia los rasgos afroamericanos e indígenas, estandarizando los cánones estéticos de origen europeos. Así también lo he señalado en el libro *Racismo, estigma y vida cotidiana: ser afrodescendiente en América Latina y El Caribe* (2019), donde afirmo que la estética de las mujeres afrodescendientes ha sido desestimada, criticada y excluida al no coincidir con los cánones eurocéntricos de belleza establecidos. Además, los medios de comunicación, al reproducir y bombardear constantemente a las mujeres afrodescendientes con imágenes de mujeres eurodescendientes y su imposición como canon de belleza único y valido, han contribuido a mermar la autoestima de las mujeres afrodescendientes, han creado complejos, inseguridades, han promovido el pensamiento endorracista[86] y, por tanto, la necesidad de renunciar a su identidad y herencia africana mediante modificaciones

---

representación de la primera dama de los Estados Unidos: "Michelle Obama luce como si fuera parte del elenco de *El planeta de los simios*". 3) La mexicana de origen mixteco Yalitza Aparicio, protagonista de la aclamada cinta *Roma* y nominada a los premios Oscar del año 2019, también ha sido objeto de numerosos ataques racistas y clasistas por sus rasgos indígenas, ha sido calificada y llamada por los medios de comunicación, colegas y la población en general: fea, prieta, naca, india, desaliñada, pobre, descuidada; estos ataques se profundizaron cuando apareció en la portada de *Vogue*, y la revista *Hola* alteró sus rasgos indígenas con *photoshop*, le aclararon la piel y modificaron su imagen al punto de que parecía otra mujer. 4) En el año 2019, una violenta respuesta y una ola de críticas racistas se desató contra la actriz afroamericana Halle Bailey cuando se conoció que protagonizaría a Ariel en la versión real del clásico de Disney, *La Sirenita*.

86 "El endorracismo es el racismo desde adentro, una autodiscriminación emanada del sujeto que sufre y experimenta el prejuicio por su pertenencia étnico-racial. (...) Es decir, un autodesprecio instigado, donde el sujeto racializado por otro autoconcebido como superior acepta mirarse a sí mismo con los ojos del amo como consecuencia de la coacción racista. El sujeto racializado internaliza como propia la discriminación que se le ha impuesto y la reproduce sobre sí, como también sobre aquellos pertenecientes a su grupo étnico y racial. (...) [Además] apoyará las premisas en que se afirma que su grupo étnico y racial es inferior, atrasado, salvaje, incapaz, incivilizado, desprovisto de belleza y de capacidades intelectuales deficientes" (Pineda, 2013, p. 55-56).

corporales[87] y otros artilugios que facilitan la tecnología y la industria cosmética.[88]

---

[87] Las modificaciones corporales a las que se someten las mujeres negras para satisfacer los imaginarios de belleza van desde prácticas como alisarse el cabello, realizarse extensiones (las cuales consisten en la sustitución del cabello propio por uno ajeno, valorado y aceptado socialmente), maquillarse de una determinada manera para minimizar el volumen natural de los rasgos africanos, hasta intervenciones invasivas como la utilización de productos para aclarar la piel o la realización de cirugías plásticas, especialmente de la nariz y los labios.

[88] Este hecho también ha sido alertado por mujeres negras que hacen vida dentro de la industria del cine, como es el caso de la actriz keniana nacida en México Lupita Nyong'o, quien, en el año 2014 durante el acto de entrega del premio como mejor actriz revelación de Black Woman Hollywood, pronunció un discurso sobre la belleza: "Recibí una carta de una niña y me gustaría compartir con ustedes una parte de ella, se lee: 'Querida Lupita, yo creo que eres muy afortunada de ser así de negra, y aun lograste ser exitosa en Hollywood de un día para el otro. Estaba a punto de comprar la crema Whitenicious de Dencia, para aclarar mi piel, cuando apareciste en el mapa del mundo y me salvaste'. Mi corazón sangró un poco cuando leí esas palabras, nunca me hubiera imaginado que mi primer trabajo al salir de la escuela sería tan poderoso en sí mismo, y que me impulsaría a ser una imagen de esperanza de la misma manera que las mujeres de color purpura lo eran para mí. Recuerdo el momento en que yo también me sentí fea, ponía la televisión y solo veía piel blanca, se burlaron de mí y de mi piel oscura como la noche, y mi única oración a Dios, el hacedor de milagros, era que me despertara con la piel más clara. La mañana llegaba y yo estaba tan emocionada por ver mi nueva piel, me rehusaba a mirarme hasta estar al frente de un espejo, porque quería ver mi cara primero, y todos los días experimentaba la misma desilusión, de ser igual de oscura que el día anterior. Traté de negociar con Dios, le dije que dejaría de robar cubos de azúcar por la noche si me daba lo que quería, escucharía cada palabra de mi madre y nunca perdería mi suéter de colegio de nuevo si tan solo me hiciera un poco más clara. Pero supongo que Dios no estaba impresionado con mis ofertas, porque nunca escuchó. Y cuando era una adolescente, el odio a mí misma aumento aún más, como se lo pueden imaginar, sucede con la adolescencia. Mi madre me recordaba con frecuencia que ella pensaba que yo era hermosa, pero eso no me daba consuelo, es mi madre, por supuesto que piensa que soy hermosa, y después, Alek Wek llegó a la escena internacional. Una modelo célebre, era oscura como la noche, estaba en todas las pasarelas y en todas las revistas, y todos hablaban de lo hermosa que era, incluso Oprah la llamó hermosa, y eso lo hacía un hecho. No podía creer que la gente dijera que una que se pareciera tanto a mí fuera hermosa. Mi tez siempre había sido un obstáculo a superar, y de repente, Oprah me estaba diciendo que no lo era. Era desconcertante y quería rechazarlo, porque yo había empezado a disfrutar de la seducción de la inadecuación. Pero una flor no podía dejar de florecer dentro de mí. Cuando vi a Alek, sin darme cuenta vi un reflejo de mi misma que no podía negar. (…) Así que espero que mi presencia en su pantalla y en revistas pueda guiar a chicas jóvenes a tener un viaje similar al mío" ("El discurso de la ganadora del Oscar Lupita Nyong'o sobre la belleza dejó a una audiencia completamente en silencio", *UPSOCL*, 4 de marzo de 2014). 5 años más tarde, Zozibini Tunzi, la sudafricana elegida como Miss Universo 2019, durante su discurso, afirmaría: "Crecí en un mundo en el que una mujer como yo, con mi tipo de piel y mi tipo de cabello nunca fue considerada hermosa. Y creo que es hora de que esto se termine hoy. Quiero que los niños me miren y vean mi cara, y quiero que vean sus propias caras reflejadas en la mía" ("Miss Sudáfrica da potente discurso como Miss Universo 2019", *AJ+ Español*, 09 de diciembre de 2019). Ahora, si bien es cierto que las

En las pocas oportunidades en que la diversidad étnica-racial es presentada por los medios de comunicación o la industria de la belleza, es fundamentalmente a partir de representaciones estereotípicas, que evocan el primitivismo y el fracaso social; es decir, se presentan como desviaciones que deben ser modificadas e intervenidas.[89]

Pese a ello, la afirmación de que la belleza se ha configurado a partir de criterios racistas no deja de ser polémica, en este momento quienes me leen podrán pensar que el canon de belleza existente no es racista, porque existen 3 o 4 mujeres negras que son parte de la industria de la moda y se han hecho muy famosas, un par de mujeres árabes incorporadas "con éxito" a la industria musical, así como una asiática y una indígena que ha logrado gran

---

niñas y mujeres afroamericanas necesitan y tienen derecho a tener modelos de belleza con las cuales identificarse, también es cierto que el hecho de que mujeres como Lupita Nyong'o y Zozibini Tunzi sean parte de la industria del entretenimiento y de la belleza no desarticula el racismo estructural, no desaparece los procesos de racialización, no deconstruye el imaginario racista sobre la belleza, no erradica las múltiples y repetidas formas de discriminación a las que están expuestas las niñas y mujeres negras por sus facciones y el color de su piel, y menos aún evita que se sometan a diversos procedimientos estéticos y cirugías para minimizar sus rasgos estigmatizados y responder a las expectativas del canon de belleza instaurado.

[89] Un ejemplo de ello fue la campaña publicitaria de la marca Dove lanzada durante el año 2017, en esta, una mujer afroamericana tras usar el jabón de baño promocionado se convierte en una mujer blanca. Con tan solo días de diferencia, la marca Nívea lanzo al mercado africano una crema aclaradora con un spot publicitario en el que es posible ver a una mujer africana de cabello largo y muy liso aclarar su piel en la medida en que se aplicaba el producto. Pero del racismo mediático no escapan ni siquiera las mujeres afroamericanas famosas, durante 2016, la actriz Kerry Washington —protagonista de la serie *Scandal*— denunció el uso del *photoshop* en su portada de la revista *Adweek*. En la fotografía es posible ver a la actriz con la nariz significativamente modificada, sus rasgos afroamericanos minimizados, así como una piel notablemente más clara que la suya; ante ello, la actriz ha afirmado no reconocerse: "Me sentí rara al ver una imagen de mí misma que es tan diferente de lo que veo cuando me miro en el espejo. Es un sentimiento desagradable". En el año 2017, la cantante Solange Knowles también se pronunció en las redes sociales rechazando que la revista *Evening Standard* borrara la trenza que llevaba para su portada, la artista publicó una foto en Instagram con la leyenda "no toques mi pelo" y agregó: "Cada mujer negra tiene un viaje personal con su propio pelo". Ese mismo año, la actriz y ganadora del Oscar Lupita Nyong'o también se vio en la necesidad de denunciar a la revista *Grazia* por editar su cabello para la portada que ocupó en la edición del mes de noviembre. La artista publicó en su cuenta de Instagram la fotografía original y la editada para mostrar cómo fue modificado su cabello, además de rechazar explícitamente la decisión de la revista: "Me decepciona que *Grazia* me haya invitado a estar en su portada para luego editar y alisado mi pelo para tener una visión más eurocéntrica de cómo luce un cabello hermoso. (...) De haber sido consultada, habría explicado que no puedo apoyar ni tolerar la omisión de lo que es mi herencia nativa, con la intención de que aprecien que todavía hay un largo camino por recorrer para combatir el prejuicio inconsciente contra la tez de las mujeres negras, su estilo y textura de cabello" (Pineda, 2017, sp.).

reconocimiento en la industria cinematográfica; no obstante, ustedes, al igual que yo, saben que esto no supone una verdadera inclusión o trasformación.

La diversidad étnica y racial en el canon de belleza sigue siendo una quimera, porque la base del canon es la exclusión de la mayoría. El canon se constituye sobre la base de la discriminación de la mayoría, la exaltación y reconocimiento de lo excepcional y su imposición a los comunes; cuando una mujer racializada es incorporada a este canon de belleza, alcanza visibilidad, reconocimiento y valoración social y mediática, es porque ella supone una excepción en el contexto de su grupo étnico-racial, excepción que la más de las veces significa una mayor proximidad estética a las mujeres blancas, y cuyo éxito en el referido entorno, como señala Luisa Passerini (2018), depende en muchos casos de cuanto se estiren el pelo[90] y se aclaren

---

[90] "Las cantantes negras que están trabajando para ser atractivas para auditorios blancos, para ser consideradas como artistas que han logrado ampliar su atractivo popular, usan el implante de cabello y el entretejimiento de cabello para tener un largo cabello lacio. Parece haber un nexo definido entre la popularidad de una artista negra del espectáculo con los auditorios blancos y el grado en que ella trabaja para parecer blanca, o para encarnar aspectos del estilo blanco. Tina Turner y Aretha Franklin fueron establecedoras de la tendencia, ambas se teñían de rubio el cabello. En la vida cotidiana vemos cada vez más mujeres negras usando productos químicos para ser rubias" (Hooks, 2005, p.10). Esta situación también se manifiesta en los ámbitos de poder político y económico, un ejemplo de ello es el caso de la ex primera dama Michelle Obama, quien durante los dos mandatos de su esposo Barack Obama siempre lució un cabello extremadamente liso, brillante, sin ningún rastro de *frizz*, con el que apareció en galas, eventos de caridad, entrevistas e incluso durante sus vacaciones; Michelle solo se permitió lucir unas sutiles ondas meticulosamente realizadas por la mano de sus estilistas, pero nunca fue posible ver a la primera dama mostrar el cabello afro al natural. No fue sino hasta la salida de la pareja presidencial de la casa blanca que la ex primera dama fue capturada por los *paparazzi* llevando disimuladamente el cabello afro natural, recogido con una cola y "controlado" con una banda para ejercicios. Para las mujeres negras, llevar el cabello natural como símbolo de identidad y autorreconocimiento sigue siendo considerado un desafío, una transgresión, un acto de rebeldía, y se ha convertido en una lucha de todos los días en los diferentes espacios de socialización; sin embargo, una proporción importante de las mujeres negras aún se niega a llevar el cabello natural, principalmente por temor a ser víctimas de críticas por parte de familiares y amigos, rechazos en el ámbito amoroso, así como *bullying* y discriminación en los espacios públicos, en los ámbitos académicos y laborales, pues, a las mujeres negras, su racialidad las despoja no solo de belleza, sino también de profesionalismo. En el año 2016, la directiva blanca de un colegio en Pretoria, Sudáfrica, impuso en sus códigos de conducta la prohibición del cabello natural de las niñas y adolescentes negras, así como cualquier otro peinado y accesorio de origen africano, cuya trasgresión se convertía en objeto de expulsión. Ante ello, Zulaikha Patel, de 13 años, y otras estudiantes del centro educativo se pronunciaron contra las que han denominado políticas racistas del pelo, realizando manifestaciones a las afueras del referido colegio y creando la tendencia mundial #StopRacismAtPretoriaGirlsHigh en las redes sociales, con la cual se denuncian las prácticas de aspectismo racista de la cual

la piel;[91] por ello, afirma Belén Altuna (2010) que la práctica de limar rasgos étnicos pronunciados está en alza en todo el mundo, y con ello se persigue

son víctimas las mujeres negras no solo en África, sino también en América. En algunos espacios de trabajo también se prohíbe a las mujeres portar vestimenta y peinados étnicos, los cuales incluso han supuesto amonestaciones, sanciones, despidos y suspensiones. Un ejemplo de ello lo constituye el caso de la joven Adriana Arias, quien en el año 2016, por usar trenzas africanas, fue suspendida por tres días sin goce de sueldo de su trabajo en los Consultorios Médicos Punta Pacifica en Panamá: "Usted no puede asistir a su centro de trabajo con trenzas o *dreads*, no forma parte del uniforme", fue lo que le expresaron en su trabajo ("Joven suspendida por sus trenzas y empleadores logran acuerdo", *Telemetro*, 05 de mayo de 2016); este tipo de hechos también ocurren con frecuencia cuando las mujeres racializadas acuden a la tramitación de sus documentos de identidad. Por hechos de esta naturaleza, en el estado de California en los Estados Unidos se aprobó durante el año 2019 una Ley que prohíbe la discriminación por el aspecto del pelo; la propuesta denominada "*Create a Respectful and Open Workplace for Natural Hair*" (Crear un espacio abierto y respetuoso hacia quienes llevan el pelo natural) aclara que los rasgos físicos asociados históricamente con la raza, como la textura y el peinado del cabello, deben protegerse de la discriminación en los sitios de empleo y en las escuelas públicas y las chárter (que reciben fondos públicos pero son establecidas por privados).

[91] En la industria del entretenimiento son conocidos varios casos de mujeres negras que han optado por blanquear su piel y realizarse cirugías estéticas que minimicen sus rasgos africanos para alcanzar el éxito, pues tener la piel más clara y rasgos que asemejen a las mujeres blancas supone un mayor estatus; entre ellas es posible mencionar a la rapera estadounidense Lil' Kim, la *socialité* Vera Sidika, apodada "la Kim Kardashian de Kenia", quien ha confirmado públicamente el uso de productos para aclarar la piel —llegando incluso a compartir su régimen de blanqueamiento de la piel con sus seguidores en las redes sociales—, y la rapera nigeriana Dencia, activa defensora del blanqueamiento cutáneo y dueña de su propia línea de crema blanqueadora para la piel llamada "Whitenicious". La cantante africana Mshoza, quien también se sometió durante años a varios tratamientos para aclarar su rostro, y en una entrevista para la BBC en 2013 aseguró que deseaba sentirse como una blanca: "Estoy feliz, aunque por dentro siga siendo negra" ("Críticas a Emma Watson por su 'blanca' piel", *Vanguardia*, 30 de marzo de 2016). A ella le seguiría la cantante camerunesa Irene Major, quien también ha reconocido que ha usado y usa todo tipo de cremas para aclarar la piel: "Cuando mi piel es más clara me siento más bonita. La gente te juzga por ello pero así es como me siento. En algunas comunidades la presión sobre las mujeres por utilizar este tipo de productos es abrumadora. Hay muchos tipos de pieles diferentes en África y hemos crecido sabiendo que las mujeres con tonos más ligeros son los más lindas. Es simplemente un hecho". A esto, agrega su hermana y también cantante Elsa Major: "Todos los hombres negros africanos ricos y exitosos se casan con chicas blancas o de piel muy clara, porque ellos también han crecido pensando que la piel menos oscura es más bonita" ("La negra que se volvió blanca: polémica por la venta de una nueva crema", *El Confidencial*, 27 de noviembre de 2014). Muchas otras artistas afroamericanas de éxito han sido señaladas por blanquear su piel, por ejemplo Diana Ross, la Tonya Jackson, Halle Berry, Beyonce, Nicki Minaj, Rihanna, Azealia Banks, así como la actriz de ascendencia hindú Mindy Kaling, esto no ha sido corroborado ni admitido por ninguna de las artistas; sin embargo, en algunas fotografías se pueden notar los cambios

suavizar aquellos rasgos que se distancian de la fisonomía media occidental y acercar los rostros a los estándares occidentales de belleza.

> Los afroamericanos también han comenzado a modificar sus narices y sus labios mediante la cirugía cosmética, aunque de manera minoritaria, probablemente por la primacía del color de la piel entre los marcadores raciales. De hecho, es mucho más frecuente dentro de esa comunidad el uso de los blanqueadores de la piel. Blanqueadores que están siendo, a su vez, cada vez más difundidos en la India, donde también se asocian muchos más valores positivos con la piel clara que con la oscura. (Altuna, 2010, p. 67-68)

Por ello, no es un hecho transgresor cuando una mujer no blanca es incorporada en el canon de belleza o visibilizada y reconocida por las industrias que cosifican y se lucran con el cuerpo de las mujeres; por el contrario, su inusual y periférica participación continua estando determinada por su adecuación y satisfacción de las expectativas del canon de la *pin-up* o la *miss*/modelo anoréxica, así como la reproducción de la imagen de la población blanca: piel muy clara, cabello alisado o pelucas, rasgos suavizados por la mano de la cirugía plástica o el *photoshop*, lentes de contacto. También la aplicación de cualquier artilugio que les permita alejarse de la imagen tan indeseada de su origen étnico-racial y convertirse en una caricatura de mujer blanca que nunca podrá ser alcanzada.[92]

Así mismo, esta "diversificación" étnico-racial del canon de belleza la más de las veces tiene como objetivo proporcionar la apariencia de apertura e inclusión en una industria racista que ha recibido señalamientos por discriminación; tiene como propósito crear nuevos estereotipos para las mujeres que aún no han sido captadas o explotadas por la industria de

---

en su piel. Se desconoce si esto responde a modificaciones digitales de sus fotografías, maquillaje o blanqueamiento de la piel; pero en cualquier caso, esto envía a las niñas y mujeres racializadas el mensaje de que la piel oscura no es bella, pero sobre todo, que la belleza y el éxito esta irremediablemente unida a la piel más clara.

[92] Tradicionalmente, la única forma en que una mujer negra puede ser elogiada por su belleza es cuando se aproxima a los estereotipos de belleza de las mujeres blancas, blanqueamiento que además no pasa desapercibido, porque recibe comentarios que asocian su belleza a su alejamiento de la negritud, por ejemplo: "eres un negra fina", "pareces una Barbie negra", "eres muy bonita para ser negra", "a pesar de que eres negra eres bonita", entre otros.

belleza, así como rentabilizar y comercializar con la imagen erotizada y fetichizada de las mujeres de los márgenes.[93]

La gordofobia y el culto a la delgadez

En las diferentes etapas del proceso histórico social, la gordura se ha constituido como un estigma,[94] indisociablemente vinculada a la fealdad, pues se considera que las personas gordas[95] son discordantes, desproporcionadas, inarmónicas, amorfas, disonantes y, por tanto, poco estéticas; desagradables a la vista, e incluso, capaces de producir displacer y repulsión. Estas narrativas y prácticas humillantes y discriminadoras permiten

[93] Durante la década de los 60, "las corporaciones blancas comenzaron a reconocer a los negros y, de manera especialísima, a las mujeres negras como consumidores potenciales de productos que ellas podían suministrarles, incluyendo productos para el cuidado del cabello. Permanentes especialmente concebidas para las mujeres negras eliminaron la necesidad del planchado del pelo y el peine caliente. Esas permanentes no solo costaban más, sino que también se llevaban mucho de la economía y ganancia de las comunidades negras, de los bolsillos de las mujeres negras que anteriormente habían cosechado los beneficios materiales" (Hooks, 2005, p. 6). Pero esta exclusión de las mujeres negras como consumidoras de la industria de la belleza se mantuvo por décadas; por ejemplo, polvos compactos y bases de maquillaje para pieles blancas, medias *pantys* en el llamado "color carne", entre muchos otros productos de belleza que seguían negados para las mujeres no blancas; sin embargo, en la última década la industria de la belleza ha comenzado a ver en las mujeres negras consumidoras explotables, y algunas marcas han comenzado a producir productos en distintas tonalidades para mujeres del diverso espectro étnico-racial. No obstante, es importante visibilizar que esta exclusión no fue azarosa, por el contrario, también estuvo ligada a los prejuicios existentes sobre la población no blanca; por un lado, porque se le consideró gente fuera de las concepciones y cánones de belleza, pero también porque se desestimó su capacidad de consumo como consecuencia de su histórica pobreza, precarización y marginalización, lo que necesariamente les alejo del consumo de estos productos —o al menos lo hacía en los imaginarios de la industria de la belleza—.

[94] Según el sociólogo Erving Goffman, el estigma es "un atributo que vuelve al sujeto diferente de los demás (dentro de la categoría de personas a la que él tiene acceso) y lo convierte en alguien menos apetecible —en casos extremos, en una persona casi enteramente malvada, peligrosa o débil—. De este modo, dejamos de verlo como una personal total y corriente para reducirlo a un ser inficionado y menospreciado. Un atributo de esa naturaleza es un estigma, en especial cuando él produce en los demás, a modo de efecto, un descrédito amplio; a veces recibe también el nombre de defecto, falla o desventaja" (Goffman, 2006, p. 12).

[95] De acuerdo con Lux Moreno (2018), se considera "gorda" u "obesa" a aquella persona que sobrepasa en carnes o que simplemente sobrepasa la valoración de normalidad del famoso índice de masa corporal (IMC).

afirmar que nuestras sociedades son profundamente gordofóbicas,[96] es decir, en las cuales se rechaza, excluyen y discrimina sistemática, repetida y explícitamente a las corporalidades de grandes proporciones.

Según afirman Valerie Alvarado y Kristel Sancho (2011) en su ensayo titulado *La belleza del cuerpo femenino*, la obesidad es una condición estigmatizada, valorada de forma negativa y socialmente asociada a la pobreza, al mal gusto, a la pereza, el sedentarismo, el abandono, el descuido, la mala alimentación, a la carencia de compromiso y disciplina, a la insuficiencia moral y a la falta de voluntad de las personas.[97] Se considera que "los gordos son menos atractivos de lo normal, más perezosos, carentes de autocontrol, débiles y autoindulgentes" (Polivy y Herman citados en Esteban, 2013, p. 94); en definitiva, se concibe a la gordura como un signo de fracaso[98] y, según Laura Contreras (2016), un diagnóstico de enfermedad actual o potencial y una sentencia de muerte física o social.

> Ser gorda significa que eres inferior y que la gente puede darte un significado y nombrarte. Significa que no tienes disciplina, que eres fea, que no eres inteligente. Significa que tienes una relación mala con la comida y que tienes relaciones sexuales siempre o que no tienes nunca. Significa que te avergüenzas de ti misma. (Tovar, 2018, sp.)

Desde esta perspectiva, la gordura aparece como una de las peores cosas que les puede ocurrir a las mujeres, concebida como una desgracia,

---

[96] Para Virgie Tovar (2018), la gordofobia es una ideología intolerante que trata a las personas gordas como un medio para controlar el tamaño corporal del mundo.

[97] En los medios de comunicación sobran las representaciones que reproducen estos prejuicios y estereotipos, pero uno que ha tenido gran impacto recientemente en la televisión ha sido el personaje de Kate Pearson en la aclamada serie *This is us*. En esta, las imágenes actuales y los *flashback* muestran que Kate es obesa como consecuencia de sus malos hábitos, mala alimentación, falta de ejercicio, depresión, atracones, descuido, desinterés, falta de limites por parte de sus padres, falta de control y de voluntad por parte de ella misma, la desestimación de las alertas realizadas por sus hermanos y su pareja, entre otras prácticas que la han puesto en riesgo a lo largo de su vida. No obstante, estos discursos y representaciones sesgadas que exponen la obesidad como consecuencia exclusiva de los malos hábitos contribuyen a profundizar y legitimar aún más los estereotipos, prejuicios y formas de discriminación ya existentes en torno a la gente gorda.

[98] En el caso de las artistas, su gordura o su engordamiento siempre es criticado y mal visto. Cuando una artista engorda, se asume que algo le está pasando, que enfrenta problemas de depresión, que es el resultado de malos hábitos, adicciones, pero también símbolo de fracaso profesional y amoroso; por ejemplo los casos de Britney Spears, Linsday Lohan y María Carey.

a la cual debe temerse,[99] pero sobre todo, que debe ser combatida, aniquilada y desaparecida.[100]

De acuerdo a ello, las mujeres gordas, al no responder a los estereotipos de belleza instaurados con frecuencia, son ridiculizadas, culpabilizadas, avergonzadas,[101] descalificadas, marginadas, anuladas, desexualizadas y violentadas de forma verbal, psicológica y física. También son invisibilizadas en los medios de comunicación y en los diferentes ámbitos de socialización y representación social, pues su imagen se considera indeseable. Aunado a ello, son discriminadas laboralmente[102] e inhabilitadas socialmente mediante lo que Lux Moreno (2016-2018) denomina la estandarización, control y vigilancia de pesos y dimensiones corporales en los espacios públicos y privados; esto va desde la cantidad de personas

[99] Pero este terror a la gordura no es infundado, por el contrario, ha sido promovido por las familias, los grupos de pares y la pareja; manifiesta en las diversas interacciones cotidianas, así como instaurado y difundido por los medios de comunicación.

[100] Este aniquilamiento de la gordura trascendió los imaginarios y cobró el carácter de política de Estado. Al respecto, afirma Lux Moreno (2018) en su artículo *Carnes que desbordan: el activismo gordx* que a partir de la década de los 90 en los Estados Unidos se declaró la "guerra contra la obesidad", y la Organización Mundial de la Salud (OMS) estableció una reducción del tope "saludable" del índice de masa corporal (IMC). A partir de ello, la mitad de la población mundial pasó a ser considerada obesa y se institucionalizaron las políticas públicas antiobesidad.

[101] La gordura suele ser tratada socialmente como algo malo que la persona hizo, por la que es responsable, por la cual merece ser reprendida y avergonzada. Un ejemplo de ello lo constituyen los *reality shows* dirigidos al abordaje, acompañamiento y tratamiento de la gordura. En ellos se les impone a los participantes metas semanales de peso, la cual deben alcanzar cumpliendo con las rutinas alimentarias y de ejercicios que les son asignadas por nutricionistas y entrenadores que los presionan hasta las lágrimas si no se esfuerzan lo suficiente; no obstante, al final de la semana son obligados a pesarse en público, donde son objeto de burlas, críticas y ataques si no lograron cumplir con el objetivo. Son responsabilizados por no comprometerse lo suficiente, lo cual los llena de vergüenza y culpa, lloran frente a un espectador que disfruta de su derrota, piden disculpas y se odian más que al inicio por desaprovechar la supuesta oportunidad de cambiar su vida que un programa de televisión les ofrece. Entre estos destacan: *The biggest loser*, *Fit to fat to fit*, *My big fat revenge*, *I used to be fat*, *Dance Your Ass Off* (Estados Unidos), *Celebrity fit club* (Reino Unido), *Teen fat camp* (Australia), *Big diet* (Alemania), *X-weighted families* (Canadá), *Adelgaza como puedas*, *La báscula* (España), *Living it up* (China), *¿Cuánto quieres perder?* (México), *Cuestión de peso* (Argentina), *Guerreros de peso* (Honduras), *No más peso* (El Salvador), entre otros.

[102] Señala Naomi Wolf (1992) en su libro *El mito de la belleza* que, en Estados Unidos, desde 1971, la ley ha aceptado que pueda existir en un puesto de trabajo un estándar de perfección del cuerpo de una mujer, y que si una empleada no lo alcanza, es posible despedirla. Un ejemplo de ello es el caso de la azafata Ingrid Fee, quien fue despedida de la compañía aérea National Airlines porque era «demasiado gorda»: pesaba dos kilos más de los permitidos.

que pueden subirse a un ascensor hasta el tamaño estándar de los asientos en el transporte público, los bancos de plaza, las sillas en los restaurantes o los espacio de las duchas en los clubes.

En este contexto, es posible afirmar que todos los cánones belleza instaurados e imperantes a lo largo de la historia —incluso aquellos considerados más naturales, voluminosos y robustos— han estado siempre fundamentados sobre la premisa del antipeso y la delgadez. A las mujeres, en las diferentes etapas de la historia y en los diferentes momentos de su vida, se les ha exigido y se les continúa exigiendo ser altas, esbeltas y delgadas para ser consideradas bellas, aunque esta delgadez oscile entre una figura escultural, una imagen atlética o la delgadez extrema.[103]

Por esta razón, la delgadez obsesiona a niñas y mujeres,[104] dado que en nuestras sociedades la delgadez no solo es elogiada por ser considerada un signo indivisible de belleza, sino que también significa éxito personal, social, afectivo[105] y profesional. No obstante, "este ideal de delgadez se genera no solo porque la delgadez sea atractiva, sino también a través de un rechazo sistemático hacia modelos estéticos fundamentados en cuerpos normales o con sobrepeso" (Baile y Garrido citados en Pérez, Gabino y Baile, 2016, p. 41).

Esta insistente descalificación de la gordura, el bombardeo con mensajes que producen un profundo miedo a la obesidad y la exacerbada celebración y exhibición de la delgadez y la delgadez extrema es reproducida, difundida y masificada por los medios de comunicación masiva;[106]

---

[103] Estas exigencias de delgadez se han ido profundizando en las últimas décadas, un ejemplo de ello es el caso de Siera Bearchell, Miss Canadá 2017, quien fue calificada como una concursante "*curvy*" durante su participación en el Miss Universo, considerada "gorda" por el público, y reseñada por los medios de comunicación alrededor del mundo como "la joven que ha roto los estereotipos en Miss Universo".

[104] Durante el año 2013, se popularizó en las redes sociales la peligrosa práctica de restringirse voluntariamente los alimentos y perder peso rápidamente para alcanzar el denominado "*thigh gap*", lo cual significa tener las piernas tan delgadas que, al juntarlas, quede un visible espacio entre los muslos.

[105] Afirma Virgie Tovar (2018) que a las mujeres se les enseña que si no son delgadas nunca serán amadas, es decir, no serán dignas ni merecedoras de amor.

[106] En las películas, la televisión, las revistas y la publicidad, los hombres generalmente son representados consumiendo grandes platos de comida y grandes piezas de carne; sin embargo, a las mujeres siempre se les presenta cohibidas durante las comidas, ingiriendo ensaladas, probando apenas unos pocos bocados de su plato para cuidar de su figura. Así mismo, en la mayoría de estas representaciones cinematográficas y mediáticas, los únicos momentos en los cuales las mujeres aparecen comiendo en grandes cantidades es cuando están dolidas por una ruptura amorosa, borrachas, con fuertes estados de ansiedad, inseguridad o depresión. Estas narrativas intentan instalar la idea de que ninguna mujer

en estos se bombardea día y noche a niñas, adolescentes y mujeres con el ideal de delgadez. No obstante, esta delgadez demandada por los cánones de belleza se hace inalcanzable, o como bien señalan Pérez, Gabino y Baile (2016), al menos inalcanzable por comportamientos sanos.

Empero, los métodos para alcanzar la tan anhelada delgadez también son divulgados por los medios de comunicación, en ellos se transmiten numerosos contenidos de entretenimiento, informativos y publicitarios en los cuales se incita a las mujeres gordas a comer sano, realizar ejercicios, en definitiva, a cuidar su salud.[107] Pero en estos medios también son divulgados métodos, iniciativas y "tratamientos" engañosos e insalubres que convidan a las mujeres a realizar perjudiciales y poco efectivas dietas milagrosas, restricción voluntaria de alimentos (Cabrera, 2010), consumir fármacos supresores del apetito,[108] realizar ejercicios de forma

---

en su sano juicio comería descontroladamente, sin pensar en sus calorías, su figura o imagen. "Encontramos la repetición de estos esquemas en novelas adaptadas al cine como *El diario de Bridget Jones*, donde la protagonista come de manera compulsiva cada vez que es abandonada por una pareja o que afronta un fracaso laboral. Esta ingesta desmesurada, en el caso de la mujer, provoca luego un insufrible sentimiento de culpa, reprobación y vergüenza" (Delgado citado en Cabrera, 2010, p. 233).

[107] Con frecuencia, cuando se hace referencia a la gordura se insiste en la salud; sin embargo, estas no son más que excusas para justificar la gordofobia y las prácticas estigmatizantes y discriminadoras que de ella se derivan. A nadie le interesa la salud de los otros porque nuestras sociedades son antisalud, nadie se preocupa por la salud de sus vecinos, compañeros de estudio o de trabajo. Como sociedad preocupa que esta gente "gorda" no responde a los cánones de belleza durante siglos construidos, y prevalece la negativa a pensar o reconocer que no es algo que depende exclusivamente de ellos; es más fácil pensar que su gordura es una consecuencia de sus acciones, porque son flojos, porque no hacen ejercicio, porque se alimentan mal, porque no se cuidan, en definitiva, porque no les interesa su salud.

[108] Los cuerpos gordos experimentan de forma reiterada la violencia psicológica, la cual es acompañada de una violencia médica que constantemente les dice que están enfermos, que deben someterse a tratamientos farmacológicos y procedimientos quirúrgicos. Mari Luz Esteban (2013) en su libro *Antropología del cuerpo* señala que la mayoría de las personas (mayoritariamente mujeres) que se someten a dietas no tienen exceso de peso, y, sin embargo, sí están sometidas a los peligros y al estrés provocado por los regímenes. Así mismo, recata que, según algunos autores como Polivy y Thomsen (1992), los riesgos de la obesidad no son tan altos como se sospechaba, y que tanto las dietas como la pérdida de peso también pueden conllevar efectos nocivos para la salud. Este aspecto fue retomado más de dos décadas más tarde por Laura Contreras (2016), quien afirma que el poder/saber medico ha patologizado la gordura, pues "se considera todo tipo de gordura como un riesgo medico en sí mismo cuando hay evidencia científica de que no es tan simple la ecuación, y ha limitado la discusión a una cuestión de exceso de comida y falta de ejercicio, olvidando estratégicamente los riesgos inherentes en los tratamientos de adelgazamiento con los que se enriquecen las corporaciones farmacéuticas, médicas y estéticas" (Contreras, 2016, p. 27).

compulsiva durante horas, así como se les invita a someterse a procedimientos estéticos y quirúrgicos invasivos que pueden poner en riesgo la estabilidad y seguridad emocional y física de las mujeres.[109]

Estas concepciones, premisas y hechos en su conjunto han creado las condiciones para la organización de la sociedad en torno a dos aspectos antagónicos: la belleza y la fealdad, las cuales ya no se definen como en el pasado de acuerdo a los criterios de armonía/naturalidad versus desproporción/artificialidad, sino que dependen exclusivamente de los niveles de adecuación o no de las mujeres a la expectativa estética impuesta. Es decir, una mujer será considerada bella o fea según se acerque o aleje de los cánones de belleza establecidos en una determinada época, y de lo cual va a depender sus niveles de exposición a prácticas aspectistas[110] y ostracistas.[111]

Empero, en el contexto de una sociedad hostil que sanciona la naturalidad con rechazo, la renuncia a la homogenización estética con exclusión y la diferencia con repulsión, donde la insatisfacción individual y colectiva con respecto al cuerpo se ha convertido en una constante, y donde el canon de belleza se ha convertido en la principal fuente de frustraciones, culpa y sentimientos de humillación, una gran proporción de mujeres insatisfechas con su aspecto físico y ansiosas por encajar reaccionan a esta imposición de los cánones de belleza intentando adecuarse a ellos,[112] sometiéndose a diversos procedimientos cosméticos, farmacológicos y

---

[109] Esto sin lugar a duda ha favorecido el incremento de los trastornos dismórficos corporales como la vigorexia (preocupación obsesiva por la figura donde la persona se percibe débil y enclenque) y la megarexia (donde la persona obesa se percibe delgada y en forma); así como los trastornos alimenticios como la bulimia (consumo descontrolado de alimentos y su posterior expulsión por medio de vómitos autoinducidos o empleo de laxantes y diuréticos), la anorexia (pérdida excesiva de peso por la falta de consumo de alimentos de forma voluntaria), el trastorno por atracones (ingesta frecuente de cantidades extraordinarias de alimentos en un mismo momento), la hiperfagia (aumento excesivo del apetito e ingestas descontroladas de alimentos), la ortorexia (obsesión por la comida sana) y la pica (ingestión compulsiva de sustancias y materiales no comestibles).

[110] El aspectismo es la discriminación de una persona por su apariencia física.

[111] El ostracismo implica el hecho de apartar a algún miembro de la comunidad por no ser del agrado o interés de los demás.

[112] Esta situación se profundiza en el caso de las mujeres que no solo no responden al canon de belleza, sino que, además, su corporalidad, rasgos y aspecto físico la hacen acreedora de un estigma; entre estas es posible considerar a las mujeres racializadas y gordas, quienes dado sus recurrentes experiencias de discriminación se someten a procedimientos estéticos y quirúrgicos con el deseo de corregir y desaparecer aquellos aspectos "indeseables" causantes del estigma.

quirúrgicos, aunque estos sean significativamente costosos y dolorosos.[113] Entre estos es posible considerar:

a) Los productos cosméticos preventivos como las cremas antiarrugas, cremas anticelulíticas, cremas antiestrías, cremas liporeductoras, entre otras.

b) Los tratamientos de embellecimiento y de camuflaje, por ejemplo el maquillaje de tipo cosmético para decorar el rostro, el cabello, el cuerpo y la piel, así como para ocultar, minimizar o corregir las llamadas imperfecciones o defectos.

c) Los tratamientos de ortopedia estética, en los cuales es posible considerar las fajas, los *body shapers* y los rellenos.

d) Las rutinas de ejercicios, la gimnasia, el entrenamiento *fitness*, entre otros.

e) Los tratamientos nutricionales, las técnicas y estrategias de supresión de la alimentación, las dietas.

f) Los fármacos adelgazantes y supresores del apetito.

g) La despigmentación o blanqueamiento de la piel, aplicación de jabones, exfoliantes, cremas, inyecciones y pastillas que prometen reducir la producción de melanina y por tanto blanquear la piel.[114]

---

[113] Este hecho responde a que las mujeres desde la infancia han sido socializadas para asumir la belleza como un hecho indisociable de la feminidad, a la cual deben dedicar gran parte de su tiempo, energías, recursos económicos y a la cual deben acostumbrarse, porque conseguir la belleza es necesario e imprescindiblemente doloroso; de este modo, la belleza implica disciplina, sacrificio y sufrimiento, lo cual ha sido naturalizado y cotidianizado mediante refranes y proverbios de circulación popular. Entre ellos es posible señalar: "para presumir hay que sufrir", "para ser bella hay que ver estrellas", "antes muerta que sencilla", "no hay mujer fea sino mal arreglada", "no hay mujer fea sino pobre", entre otros.

[114] Según un reportaje de la BBC (2019) realizado con datos de la Organización Mundial de la Salud (OMS), 4 de cada 10 mujeres en África usan productos para blanquearse la piel. Nigeria es el país africano que encabeza la lista donde al menos el 77% de las mujeres utiliza blanqueadores, 59% en Togo y 35% en Sudáfrica; por su parte, en el continente asiático al menos el 61% de las mujeres en la India recurren a estos productos y un 40% de las mujeres en China también los usan. Además, las mujeres usan estos productos provenientes de la multimillonaria industria del blanqueamiento de la piel sin ningún tipo de supervisión médica, lo cual supone un alto riesgo para la salud, porque contienen ingredientes altamente perjudiciales tales como mercurio inorgánico, cloro, ácido, antioxidante glutatión, entre otros. Así mismo, en muchos casos estos productos no son sometidos a controles sanitarios y el mercado está inundado con falsificaciones.

h) La realización de procedimientos cosméticos no quirúrgicos, entre ellos destacan el modelado del contorno corporal,[115] la aplicación de la toxina botulínica tipo A (botox),[116] la realización de *peelings* químicos,[117] la realización de rejuvenecimiento cutáneo,[118] la colocación de rellenos dérmicos,[119] entre otros.

i) La realización de procedimientos estéticos quirúrgicos electivos, de los cuales, según la International Society of Aesthetic Plastic Surgery (ISAPS), los más comunes son la realización de blefaroplastia (cirugía de párpados),[120] el *lifting*,[121] la colocación de implantes faciales,[122] la realización de la liposucción facial,[123] el trasplante de grasa,[124] el

[115] Implica la reducción de grasa sin cirugía utilizando una gran variedad de tecnologías diseñadas para destruir las células de grasa que se encuentran justo debajo de la piel (grasa subcutánea).

[116] Es un producto utilizado en cirugía estética para corregir las líneas de expresión, corrección que se produce porque la toxina botulínica paraliza temporalmente los músculos responsables de estas líneas.

[117] Estos procedimientos restauran la piel con arrugas, manchas, pigmentación irregular o dañada por el sol, empleando una solución química para exfoliar las capas más externas de la piel.

[118] Se realiza con un láser ablativo que elimina capas delgadas de piel, y con un láser no ablativo el cuál estimula el crecimiento de colágeno y tensa la piel subyacente.

[119] Estos productos están diseñados para intentar mejorar los "defectos" en los tejidos blandos, como arrugas, pliegues y marcas en el rostro. Algunos rellenos tienen por objeto dar más volumen a algunas zonas de la cara, como los pómulos o barbilla, y también se emplean a menudo para el aumento de los labios.

[120] Rejuvenece la zona de los párpados superiores e inferiores mediante la remoción del exceso de piel, el músculo y la grasa de los mismos.

[121] Esta cirugía intenta suavizar las marcas de expresión en el rostro producto de la edad, así como mejorar la piel y las partes blandas de los dos tercios inferiores de la cara, de la zona de las orejas, de las mejillas y por debajo de la línea mandibular, mediante la remoción del exceso de grasa, el retensionado del plano muscular descolgado y la readaptación de la piel a este nuevo contorno remozado.

[122] Son accesorios sólidos y preformados tridimensionales, utilizados para mejorar el tamaño y la apariencia de diferentes áreas del rostro, como la barbilla, la mandíbula, la nariz o las mejillas.

[123] Este procedimiento quirúrgico consiste en la extracción de tejido graso no deseado con un dispositivo de cánula y sistema de vacío para mejorar la forma de la cara, tal como la línea de la mandíbula, utilizando incluso un dispositivo de laser-lipólisis.

[124] También llamado injerto de grasa, inyecciones de grasa, *lipofilling*, lipoestructura o lipotransferencia, es un procedimiento que utiliza la propia grasa de una persona para rellenar irregularidades y surcos de otras partes del cuerpo.

rejuvenecimiento facial con láser,[125] la otoplastia,[126] la rinoplastia,[127] la abdominoplastia,[128] la colocación de implantes de glúteos,[129] implantes de gemelos,[130] la realización de la liposucción,[131] reducción de los labios menores o labioplastia,[132] el rejuvenecimiento vaginal o vaginoplastia[133] y la mamoplastia de aumento o aumento mamario (senos).[134]

j) La realización de procedimientos estéticos no médicos, de carácter invasivo y de gran peligrosidad, entre estos es posible considerar la aplicación o infiltración de productos alimenticios[135] dentro del cuerpo, la infiltración de sustancias toxicas y de uso no sanitario como la vaselina,

125 Persigue la eliminación de líneas finas y arrugas empleando un láser de erbium o de dióxido de carbono (CO2), así como otros dispositivos láser para rejuvenecer algunas capas de piel dañada. Estos procedimientos también afinan las líneas que se forman alrededor de los ojos y la boca, al mismo tiempo que reducen las cicatrices faciales y las áreas hiperpigmentadas.

126 Esta cirugía tiene como objetivo volver a posicionar las orejas salientes o reducir el tamaño de las orejas grandes.

127 Esta operación permite remodelar la nariz mediante la reducción o aumento de su tamaño, eliminando los desvíos, cambiando la forma de la punta o del tabique, estrechando la amplitud de los orificios o cambiando el ángulo entre la nariz y el labio superior.

128 También denominada cirugía abdominal o dermolipectomía, remueve quirúrgicamente el exceso de piel y tejido graso de la zona abdominal, habitualmente comprendido entre el ombligo y el pliegue abdominal inferior.

129 Estos implantes tienen como propósito mejorar el tamaño y la apariencia de la zona de los glúteos colocando implantes de silicona debajo, en medio o encima del músculo glúteo.

130 Implica el aumento de la zona de la pantorrilla con implantes de silicona.

131 La cirugía persigue la mejora del contorno corporal eliminando los depósitos de grasa mediante una cánula (tubo) y un dispositivo de vacío —que aspira—. Contrario a los imaginarios en los cuales se considera que la liposucción es solo abdominal, esta también se realiza con frecuencia en zonas como: barbilla, mejillas, cuello, antebrazos, el área encima de los pechos, nalgas, caderas, muslos, rodillas, pantorrillas y tobillos.

132 Es la remodelación de los labios menores cuando estos están aumentados con respecto a la vulva.

133 Consiste en la eliminación del exceso de piel y tejidos, tensar la amplitud de la cavidad vaginal y reducir el tamaño de la abertura vaginal.

134 Esta cirugía se realiza para aumentar el tamaño de los pechos/mamas gracias a la colocación de prótesis de suero salino o silicona.

135 En África se ha popularizado entre las mujeres la introducción en el ano de condimentos como el caldo de cubito de pollo con el propósito de aumentar el tamaño de los glúteos, algunas los utilizan como supositorios y otras como enemas (disuelto en un poco de agua e inyectado en el ano) ("Mujeres africanas y su método para aumentar sus nalgas", *El Debate*, 28 de julio de 2019).

la silicona industrial, el biogel, el hidrogel y los biopolímeros,[136] el aceite de carro, el aceite de cocina, el pegamento y el cemento, así como la realización de intervenciones quirúrgicas ilegales como la colocación de la malla adelgazante lingual.[137]

No obstante estos múltiples y diversos procedimientos estéticos de carácter cosmético, farmacológicos, quirúrgicos y no médicos a los que se someten las mujeres, no son una causa, sino una consecuencia de la feminización de la belleza, del sometimiento de las mujeres a la imposición de cánones rígidos e inflexibles durante siglos. Del bombardeo con representaciones de modelos de belleza ficticios e inalcanzables, de la presión para responder a los estereotipos fundamentados en las *pin-up* y la extrema delgadez, así como de la organización de esta belleza en torno a criterios y premisas sexistas, gerontofóbicas, racistas y gordofóbicas.

Estos hechos sin lugar a duda han creado las condiciones para que las mujeres se sometan a diversos procedimientos cosméticos y médicos para cumplir con las exigencias patriarcales de belleza, evitar la discriminación y el ostracismo; pero también para minimizar los rasgos, facciones y expresiones corporales fuentes de estigma. No obstante, para poder prevenir y atender de manera efectiva, eficiente y oportuna esta problemática, es necesario comprender y analizar los elementos de carácter psicológicos, sociales, culturales, económicos y políticos que intervienen en este complejo proceso de cosificación y objetualización de las mujeres, y que las obligan a someterse a procedimientos estéticos que las pueden llevar a la muerte.

---

[136] De acuerdo con Duarte y otros (2016), los biopolímeros son macromoléculas sintéticas que en ocasiones se utilizan de forma ilegal en el campo de la medicina estética como material de relleno tisular, provocando múltiples complicaciones tanto locales como sistémicas, que se pueden manifestar de forma inmediata o años después, e incluso pueden llegar a poner en peligro la vida de los pacientes.

[137] La malla adelgazante lingual consiste en una especie de gasa rígida que se grapa o cose en la parte superior de la lengua. Cuando se mastica un alimento la malla se desplaza, pellizca y tira del músculo causando un dolor insoportable, con lo cual obliga a la ingerir líquidos solamente. Este método ilegal no cuenta con aval científico ni sanitario, afecta al aparato digestivo, puede provocar una descompensación, anemia, mareo, vómito, dolores intestinales y de cabeza, desmayos e incluso hospitalización por falta de nutrientes ("Graparse la lengua para adelgazar", *El País*, 14 de marzo de 2015).

Capítulo 3

Influencias causales y motivaciones para la modificación estética

Algunos registros ubican los orígenes de la cirugía estética en la antigua Roma, se conoce de la realización de algunos procedimientos durante el Renacimiento y también se han situado significativos avances en la materia durante el siglo XIX.[138] Pero no fue sino en el contexto de la Primera Guerra Mundial que comenzó a desarrollarse formalmente esta especialidad, ante la imperiosa necesidad de reconstrucción estética de los soldados, victimas de severas heridas, desfiguraciones, quemaduras y mutilaciones; intervenciones quirúrgicas que poco tiempo después comenzaron a ser realizadas en las mujeres con fines exclusivamente estéticos y electivos.

---

[138] Según Norma Acerbi (2009), en su ensayo *Orígenes de la cirugía plástica, padres, pioneros y otros más*, la cirugía plástica, estética, reparadora o reconstructiva es la especialidad quirúrgica encargada de restablecer la integridad anatómica o funcional del cuerpo humano, alterado por defectos físicos, congénitos o adquiridos. Afirma esta autora que, en Roma, el más ilustre escritor médico fue Aulo Cornelio Celso, en el siglo I a.e.c., y en su libro *De re medicina* dio gran importancia a la nariz y partes de la cara, indicando también su reparación con la piel de las partes próximas a la lesión o defecto. Durante el Renacimiento, la cirugía plástica era un orgullo de tradición secular entre algunas familias sicilianas y calabresas, como la de los hermanos Branca, quienes popularizaron en Europa el método indio de la rinoplastia, pero fue Gaspar Tagliacozzi (1546-1599) el primero en practicar la rinoplastia con criterios apoyados por sólidos conocimientos anatómicos, y logró además efectuar con éxito la plástica de las orejas y de los labios. A este le seguirían nuevas cirugías como la rinoplastia, el labio leporino, los injertos, técnicas desarrolladas de la mano de profesores y cirujanos como Juan Federico Dieffenbach (1792-1847), Carlos Fernando von Graefe (1787-1840), Louis Xavier Ollier (1830-1901), Carl Thiersch (1822-1895), Jacques Louis Reverdin (1842-1908), pero no fue sino hasta 1912 que Eugen Hollander inicio la técnica conocida como *lifting*.

No obstante, resulta inexplicable porque, si las mujeres no necesitaban estos procedimientos quirúrgicos, no estaban enfermas, no estaban heridas, no estaban desfiguradas, quemadas y menos aún estaban mutiladas, comenzaron a someterse masivamente a procedimientos quirúrgicos dolorosos, invasivos y riesgosos para satisfacer las expectativas de la feminidad y complacer los imaginarios de belleza creados por los hombres.

Este hecho pone en evidencia que, para que esto pudiese ocurrir, la necesidad de la modificación estética tuvo que ser creada. Para que las mujeres pudieran someterse masivamente a diversos procedimiento y cirugías estéticas electivas costosas, dolorosas, invasivas y riesgosas que no necesitaban, debían sentirse insatisfechas, incomodas, inconformes e infelices con su aspecto físico; insatisfacción que estaba siendo brutala mente promovida por los medios de comunicación, por la industria de la moda, por la publicidad, por la familia, por la pareja, por los grupos de pares. De modo que los complejos, el miedo al rechazo, la imperiosa necesidad de aceptación social —en un mundo que las excluye, las discrimina y las violenta— estaban llevando a las mujeres a caminar hacia el quirófano sin pensarlo mucho, con el fin de lograr la tan anhelada figura del canon de belleza establecido.

Pero este fenómeno sociocultural de impacto físico y psicológico no puede ser atribuido a un solo factor, por el contrario, es posible afirmar que la preocupación por la belleza y la modificación estética es un fenómeno social pluricausal y multifactorial, cuya prevención, atención e intervención social amerita un profundo análisis y explicación de los diversos ámbitos y factores que intervienen como influencias causales y motivaciones en la creciente modificación estética en nuestras sociedades contemporáneas.

Los medios de comunicación y la publicidad

Uno de los elementos fundamentales a considerar en el proceso de masificación de los procedimientos estéticos son los medios de comunicación, información y difusión masiva, los cuales, a través del cine, la televisión, los diarios, las revistas, los folletos, los comics y la radio, se instituyeron como los agentes de socialización de la población por excelencia. En este contexto, la televisión se definió como el medio de difusión masiva preferido por espectadores y anunciantes, de modo que se consolidó como la tecnología capaz de universalizar las demandas y necesidades del capital económico. Para lograrlo, se instaló y organizó, según Bourdieu (2003), una comunidad de necesidades, de aspiraciones, de voluntades de gustos y de caprichos culturales, los cuales se hicieron manifiestos a través de sus diversos contenidos, entre estos —de acuerdo a la categorización hecha por Daniel Bougnoux (1998)—, es posible distinguir:

- Los contenidos dirigidos a la información, que proponen conocimiento.
- Los contenidos orientados a la diversión, como las ficciones o los juegos que proponen simple entretenimiento.
- Las emisiones relacionales, que pretenden sacudir la apatía del público y rehacer el vínculo social, entre estos destacan los *telethon*, los *talk shows* y los *reality shows*.
- Los mensajes directivos, por medio de los cuales una cantidad de anunciantes que van desde los políticos hasta los simples mensajes publicitarios pregonan o prescriben acerca de lo útil y bueno.

En este contexto, la industria cinematográfica, televisiva y los medios de comunicación en general liderados por un ejército de directores, productores, editores, diseñadores y publicistas, a través de contenidos como las películas, el cine animado,[139] las series, las telenovelas,[140] los dibujos

[139] La belleza se les impone a las niñas como un mandato desde sus primeros años de vida, deben ser princesas y por tanto hermosas, situación a la que han tributado los discursos y representaciones del cine animado como es el caso de Disney. En estos contenidos, se instala la idea de la belleza como condición intrínseca de la feminidad y se reproducen marcados estereotipos de belleza: cabello rubio, piel blanca, cabello largo, figura delgada y esbelta, canon encarnado por personajes como la Cenicienta, la Bella Durmiente, Rapunzel y en *Frozen*. En el caso de *Blancanieves* se introduce la idea de la belleza como génesis del conflicto entre mujeres, obsesión por ser la más bella, que lleva a la madrastra a intentar asesinar a Blancanieves en numerosas oportunidades. A partir de la década de los 90, son incorporadas a estos productos cinematográficos otras princesas racializadas, como es el caso de Jasmín (indú), Pocahontas (indígena), Mulan (china) y Tiana (afroamericana); sin embargo, estas princesas racializadas también responden a los estereotipos de belleza que se ha construido para las mujeres de cada uno de estos grupos étnicos y raciales. Pero estas películas animadas de Disney también legitiman la narrativa de que las mujeres no son amadas por lo que son, sino por lo que parecen, mientras que los hombres no necesitan de la belleza para ser amados y se les acepta sea cual sea su aspecto, por ejemplo *La bella y la bestia*, *El jorobado de Notre Dame* y *Sherek*, donde incluso Fiona renuncia a su belleza para estar con el horrible ogro al cual ama.

[140] En las telenovelas, tanto la heroína como la villana (protagonista y coprotagonista) deben responder a los imaginarios de belleza construidos, los cuales operan como modelo a seguir por las mujeres consumidoras de estos relatos. Pero en estas telenovelas también se envía un claro mensaje a las espectadoras, la belleza es una condición necesaria e imprescindible

animados,[141] los *talk shows*, los *reality shows*, los programas de concurso,

para encontrar el amor; así lo demuestra la narrativa de producciones emblemáticas como la venezolana *Mi gorda bella* o la colombiana *Bety la fea* (posteriormente producida en México bajo el título *La fea más bella* y en Estados Unidos como *Ugly Betty*). En estas, las protagonistas son mujeres gordas o "feas", sometidas a burlas crueles, ignoradas, humilladas y ridiculizadas constantemente por familiares, compañeros, así como por los hombres deseados o amados que las rechazan y desprecian; solo tras el cambio de imagen de la protagonista, con el cual baja de peso, se quita los anteojos, la ortodoncia, se maquilla, muestra su sexy figura y, en definitiva, alcanza la tan anhelada belleza, se hace digna de amor, atención y consideración. A partir de ese momento, la "fea" devenida en "bella" comienza a ser bien tratada por las personas que la rodean, notada y halagadas, y se convierte en merecedora del amor de aquellos hombres que antes la despreciaron y maltrataron. No obstante, estos discursos y representaciones instalan en el imaginario la idea de que el amor es un hecho que responde exclusivamente a la adecuación de las mujeres al canon de belleza, y, por tanto, las mujeres que no cumplen con este no pueden, no deben, ni merecen ser amadas.

[141] En los dibujos animados también están presente los estereotipos y cánones de belleza. Como lo he visibilizado en el libro *Las mujeres en los dibujos animados de televisión*, estos estereotipos de belleza han sido exigidos y representados por personajes como Betty Boop (1932), Vilma en *Los Picapiedras* (1960), a quien su esposo Pedro le ha dicho "no me gustan esas esposas intelectualoides, me gustan como tú, bonitas e inútiles"; Ultra en *Los Supersónicos* (1962), quien es presentada como la esposa y madre bonita, consumista y superficial; la mujer invisible en *Los 4 fantásticos* (1967); Gravitania en el *Trío Galaxia* (1967); Penélope Glamour en *Los Peligros de Penélope* (1969); Minerva Mink y Enfermera en *Aminaniacs* (1993); y la Señorita Belo en *Las chicas súper poderosas* (1998). Estos estereotipos de belleza también han sido exigidos y reproducidos en *Los Simpsons* por personajes como Lisa Simpson, quien en el episodio "Lisa la reina de belleza" de la 4ta temporada de la serie fue presionada por su padre a participar en un concurso de belleza, así mismo, en el episodio "Las curvas de Marge" de la temporada 14, Marge Bouvier, temerosa de que su esposo Homero haya perdido el interés en ella y aconsejada por una amiga, se dirige a una clínica para someterse a una liposucción, pero por error le realizan un implante de senos, a partir del cual comienza a recibir una excesiva e indeseada atención masculina. Finalmente, en un diálogo de la serie *Padre Americano*, también es posible evidenciar la presión colocada sobre las mujeres para cumplir con el canon de belleza, así como su consideración como objeto de exhibición por parte de su pareja: "—Roger: Una mujer preciosa. —Stan: Por eso me casé con ella. —Francine: Bueno, no solo por eso. —Stan: Sí. —Francine: ¿No por nada más? —Stan: No. —Francine: ¿Solo por mi físico? —Stan: Ahí le has dado (...) —Francine: No sabes lo que me cuesta estar guapa, cuando te vas a trabajar cada día corro en la cinta hasta que vomito, después voy a la peluquería, después me tomo una comida de té con hielo y laxantes, después me depilo brazos, piernas y cejas mientras levanto el sofá para tonificar el trasero que tanto te gusta" (Pineda, 2015, p. 52-53).

la publicidad[142] y los productos informativos,[143] construyen, reconstruyen, difunden, promueven, propagan, perpetuán e imponen a las niñas y a las mujeres imaginarios, arquetipos, estereotipos, ideales, ilusiones, modelos y estándares de belleza inalcanzables, los cuales, como ya he mencionado anteriormente, se construyen a través de premisas sexistas, gerontofóbicas, racistas y gordofóbicas.

Los medios, a través de sus diversos contenidos audiovisuales en el pasado y en la actualidad, han mostrado exclusivamente a mujeres ideales, mujeres jóvenes, blancas y delgadas que responden a los cánones de belleza, mujeres que no verías caminando en la calle, en la universidad, en el trabajo o en la tienda, pues estas mujeres solo aparecen en el cine, en la televisión, en las revistas[144] y en las vallas publicitarias; dado que el

[142] La publicidad crea mensajes y estados anímicos con el objetivo de establecer procesos de identificación, deseos, necesidades y estilos de vida en sus consumidores reales y potenciales; y por tanto incrementar el consumo de los productos y servicios ofrecidos. Sin embargo, los estereotipos de belleza difundidos mediante la publicidad han contribuido a consolidar la insatisfacción y la frustración como un estado anímico natural en las mujeres, quienes con frecuencia afirman sentirse gordas, feas y viejas; al mismo tiempo que insisten en emular esos patrones de belleza representados en vallas, revistas y mensajes publicitados en la televisión. Por ello, afirma Anne Higonnet (2018) que la industria de la belleza se sostiene gracias a la publicidad, en los años 80 llegaron a gastar en esta el 80% de su presupuesto, lo cual para el año 1985 en Estados Unidos se ha estimado en 900 millones de dólares. Además, según Blázquez (2011), en estos productos mediáticos se suele apelar asiduamente a narrativas que invocan a la perfección para convencer a las mujeres a consumir los productos de la industria de la belleza, con frases que acompañan los productos como "estar perfecta" o "ser perfecta". Pero para Coral Herrera Gómez (2012) esto va más allá, no solo se trata de una narrativa de la perfección, sino de la propagación de un discurso bélico, decretando una guerra sin cuartel a las supuestas imperfecciones físicas de las mujeres mediante el empleo de términos como: "lucha contra los kilos de más", "para acabar con la celulitis hay que atacarla en todos los frentes", "*stop* a las grasas", "jaque mate a la pérdida de firmeza", "desafío a la flaccidez", entre otros.

[143] En los contenidos televisivos de carácter informativo se hace recurrente la cosificación de la mujer, se suele presentar exclusivamente a mujeres que responden al canon de belleza, portando vestimenta "sexy" para anunciar el clima o las secciones de deportes y espectáculos. En lo que refiere a los medios de comunicación impresos con fines informativos, dependiendo del target al que van dirigidos, es posible encontrarse con mujeres semidesnudas o desnudas con poses sugerentes de chicas de calendario en la contra tapa de los diarios, junto a secciones como deportes, loterías e incluso junto a los sucesos.

[144] En el estudio *Análisis de los estereotipos estéticos sobre la mujer en nueve revistas de moda y belleza mexicanas*, realizado por Ana Laura Pérez, María Gabino y José Ignacio Baile (2016), en el que se analizaron 53 portadas de las nueve revistas de mayor difusión en el campo de la moda y belleza en México, como lo son *Bazaar, Cosmopolitan, Elle, Glamour, Grazia, Instyle, L'Officiel, Marie Claire* y *Vogue*, publicadas entre octubre de 2014 y marzo

ideal de belleza fue alimentado por la industria fílmica, discográfica[145] y pornográfica[146] a través del bombardeo, reproducción y cotidianización de la imagen y mensajes de actrices, modelos y cantantes, las cuales, de acuerdo a Murolo (2009), le gritan a las mujeres: "Sé yo, anímate a

---

de 2015, se pudo evidenciar que el 71% de los contenidos de estas revistas eran sobre belleza, en el 59% de los casos la mujer de la tapa era de contextura delgada, en el 39% de los casos la mujer era flaca, en un 2% la mujer poseía ciertos volúmenes y curvas, y en ninguna portada se incluyó a una mujer que pudiera ser calificada con sobrepeso.

[145] La música también ha contribuido a la creación y naturalización de los estereotipos de belleza. Un ejemplo de ello es el tema *Maquillaje* de Mecano (1982), en el cual se asocia la belleza de forma exclusiva al uso de maquillaje: "No me mires / no me, no me, no me mires / no me mires, no me mires / déjalo ya / que hoy no me he puesto / el maquillaje / hoy mi aspecto es demasiado vulgar / para que te pueda gustar. (…) Sombra aquí, sombra allá / maquíllate, maquíllate / un espejo de cristal / y mírate y mírate. (…) No he dormido nada esta noche / hoy tengo una imagen que no puedes mirar / porque te vas a horrorizar / mira ahora, mira ahora / mira, mira, mira, ahora mira ahora / puedes mirar / que ya me he puesto el maquillaje / hoy si ves mi imagen / y me vas a querer besar".

[146] Otro ámbito donde se reproducen y se difunden estereotipos y exigencias de belleza es en la industria pornográfica; en esta, una mujer para ser considerada bella y sexualmente deseable debe ser exuberante y poseer grandes senos, glúteos y caderas, su cuerpo debe estar libre de grasa, sus genitales extremadamente depilados, debe llevar el cabello largo, pero también mucho maquillaje, principalmente rímel y lápiz labial, los cuales deben corrérsele mientras se ahoga realizando una felación. Al mismo tiempo, la industria pornográfica favorece la captación por parte de las redes de trata con fines de explotación sexual de las mujeres que responden al canon de belleza, para explotar sus cuerpos a través del cine pornográfico, el negocio de las *webcam*, los clubes de *strippers* y los prostíbulos, pues, si bien en el contexto de una sociedad patriarcal todas las mujeres son consideradas objetos vendibles y explotables, lo son más aun cuando satisfacen los imaginarios de belleza construidos por los hombres. Un ejemplo de ello es el caso de la ex actriz porno Mia Khalifa, quien en una entrevista en el programa *Hard Talk* de la BBC contó que entró al mundo de la pornografía como consecuencia de su baja autoestima, porque no respondía a los estereotipos de belleza: "Luché toda mi infancia con el sobrepeso y nunca me sentí atractiva o digna de la atención masculina. Y, de repente, en mi primer año de universidad, empecé a perder mucho peso al hacer pequeños cambios. Y para cuando me gradué, estaba lista para marcar la diferencia. Me sentí muy cohibida por mis senos, porque eso fue lo primero que perdí cuando bajé casi 50 libras (22,6 kg). Así que mi mayor inseguridad fueron mis senos, y quería recuperarlos. Y una vez que lo hice (Khalifa se sometió a una operación de cirugía estética), comencé a atraer toda esta atención de los hombres y nunca me acostumbré. Sentí que, a menos que me aferrara a eso e hiciera lo que se me pedía o lo que se esperaba de mí, sería insignificante. Y después de sentir cómo era esa validación y los cumplidos, no quería que eso acabara". Así mismo, contó que fue captada por la industria pornográfica con una narrativa que apelaba a la belleza y al supuesto modelaje: "No fue: «Oye, ¿quieres meterte al porno?». Fue más un: «Eres hermosa, ¿te gustaría modelar un poco? Sabes, tienes un gran cuerpo y creo que serías genial para modelar», cosas así" (Entrevista con Mia Khalifa: "Quería hacer porno como mi pequeño y sucio secreto, pero me explotó en la cara", *BBC*, 27 de agosto de 2019).

emprender el camino a la perfección física, ser delgada, rubia, sonriente, con tu piel lisa como la mía, que serás finalmente, rica, exitosa y joven".

Este hecho creó una clara y abismal división, las mujeres bellas solo eran estas mujeres mediatizadas, las demás mujeres no eran bellas y para serlo debían seguir sus consejos, adoptar sus dietas, tomar sus adelgazantes, maquillarse y peinarse como ellas, someterse a sus cirugías e imitar su vestimenta; aun así nunca sería suficiente, por mucho que una mujer común se esforzara o se esfuerce, nunca sería, ha sido o será una Marilyn Monroe, una Pamela Anderson o una Kim Kardishan, aunque gastase una fortuna en ello.[147] Los medios hicieron de lo excepcional una norma y obligaron a la mayoría de las mujeres a sentirse inconformes por no lucir como una escasa, selecta, operada y digitalmente editada[148] minoría.

> De modo general, hay que decir que la belleza es una de las cualidades más exigidas en la publicidad televisiva, ya que lo que se muestra a través de la pequeña pantalla es la realidad idealizada. La mayor parte de las mujeres modelos que se prestan a representar un papel son jóvenes y guapas, carecen de arrugas y tienen un cutis perfecto. A través de ellas se convence a las consumidoras reales de los productos que deben mantenerse bellas para sentirse atractivas y seguir gustando a sus parejas. Pero, además, se da la opción de que aquellas mujeres que no se sientan identificadas con las que se presentan en la publicidad puedan parecerse a ellas acudiendo a clínicas estéticas. Se muestran los cambios que pueden realizarse en el cuerpo (rostro, dientes, abdomen, nalgas...) con el fin de que las personas se sientan

---

[147] Estos mensajes también son difundidos a través de propuestas televisivas y concursos (patrocinados por las principales marcas de cosmética) en los cuales a las mujeres se les ofrece un cambio radical de imagen, los cuales van desde un simple retoque estético o estilístico hasta la modificación corporal mediante cirugía; y tienen como propósito mostrarles a las mujeres que sí es posible, que una mujer común de los suburbios sí puede lucir como una estrella de Hollywood. Por ejemplo, programas estadounidenses como *Extreme makeover* (*reality show* donde las personas recibían un drástico cambio de imagen mediante la realización de cirugías plásticas), *I Want A Famous Face* (en este programa las personas se sometían a diversas cirugías plásticas con el objetivo de parecerse a una persona famosa del mundo del espectáculo), *The Swan* (donde a mujeres consideradas feas se les dio la oportunidad de realizar un cambio de imagen extremo y pasar de ser un patito feo a un cisne), *Bridalplasty* (donde 12 mujeres competían por la boda de sus sueños y una cirugía plástica), o programas españoles como *Cambio radical* y *Desnudas*.

[148] Según Martínez y Muñoz (2015), en los medios se expande un canon de belleza femenino basado en imágenes irreales, pues en su mayoría estas están manipuladas para mostrar a las mujeres sin líneas de expresión en su rostro, con piel de porcelana, desaparecer la celulitis, blanquear los ojos y los dientes, es decir, para dar cuenta de una perfección extrema, que favorece una estética que se asemeja más a la muñeca Barbie siliconada que a mujeres reales.

> más bellas, atractivas y "perfectas". Se busca la idealización del cuerpo femenino de una forma banal, casi impersonal, ofreciendo siempre la mejor imagen con el fin de agradar la vista del espectador. Pero la identificación no es total, pues lo que se ve no es lo que se observa en la realidad. (García y García, 2004, p. 55)

No obstante, este hecho pasa desapercibido por la mayoría, porque estos discursos y representaciones mediáticas distorsionan la realidad e impiden a las mujeres encontrar patrones de referencia con los cuales identificarse, al mismo tiempo que ejercen un adoctrinamiento estético sobre las mujeres mediante la exaltación de los llamados "defectos" e "imperfecciones". De esta manera, se descalifica, se agrede y se socava el autoestima de la mujer,[149] facilitando la emergencia de la depresión y la inseguridad[150] a fin de lograr el consumo masivo de los productos y servicios ofrecidos por la industria cosmética, farmacéutica y quirúrgica.

En este contexto, la mujer inconforme y persuadida recurre a cremas para retardar la llegada de la edad, se pinta el cabello para ocultar las canas, se maquilla el rostro con la esperanza de lucir más atractiva, se coloca fajas y rellenos, se somete a entrenamiento físico, hace dietas, se opera, pero nunca logra alcanzar el canon de belleza difundido y exaltado por los medios de comunicación. Esto lleva a las mujeres a recurrir a más cosméticos, a maquillarse más, a realizarse *peelings* y *liftings*, a tomar adelgazantes y supresores del apetito, a realizarse la liposucción, a colocarse implantes de senos y de glúteos, para después volver a realizarse más y más procedimientos, a modificarse al punto de perder la identidad, de parecer otras, de perder sus expresiones faciales e incluso la movilidad corporal; no obstante, cuando se han excedido, son violentamente excluidas y rechazadas por el sistema que las obligo a modificarse.[151]

---

[149] Esto se realiza sobre una psique ya resquebrajada de mujeres silenciadas, sometidas y violentadas, a quienes históricamente se les ha negado el acceso a recursos y la toma de decisiones.

[150] Señalan Pérez, Gabino y Baile (2016) que estudios como el realizado por Lameiras, Calado y Rodríguez en el año 2005 muestran de manera concluyente una clara relación entre la exposición a los medios de comunicación con el inicio y mantenimiento de la insatisfacción corporal, así como el desarrollo de trastornos de la conducta alimentaria.

[151] En el mundo de la moda y la televisión, son varias las mujeres que han enfrentado esta situación, por ejemplo, la diseñadora Donatella Versace, las animadoras Susana Jiménez, Leticia Sabater y Laura León, las actrices Renée Zellweger, Meg Ryan, Melanie Griffith, Megan Fox, Courtney Cox, Lucía Méndez, Maribel Guardia, Itatí Cantoral y Gabriela Spanic, las cantantes Christina Aguilera y Paulina Rubio, entre otras.

De este modo, los medios de comunicación que llevan a las mujeres a maquillarse, medicarse y operarse, a someterse a múltiples y diversos procedimientos costosos, dolorosos y riesgosos, ahora las exponen, se burlan, las ridiculizan;[152] se lucra una vez más con ellas, pero también se sigue lucrando la industria de la cirugía plástica, porque estas mujeres desfiguradas por el exceso de intervenciones o por procedimientos fallidos, ahora se convierten en pacientes de nuevos cirujanos que acuden a corregir —también de forma televisada— los desastres de sus antecesores.[153]

Otro aspecto de relevancia es que, en la representación que de las mujeres se hace en los medios de comunicación y difusión masiva, con frecuencia, la belleza y el intelecto aparecen disociados; la mujer bella no es tomada en serio, es recurrente su infantilización, al mismo tiempo que en las tramas mediático-televisivas la intelectualidad se concibe como innecesaria para quienes han sido bendecidas por la naturaleza —o por el cirujano— con el otorgamiento de la belleza. Se presentan a las mujeres que responden al canon de belleza como competitivas, egoístas, envidiosas y en un eterno conflicto con otras mujeres que también satisfacen las expectativas de belleza. Por su parte, las mujeres que osan a cuestionar estos cánones de belleza son caricaturizadas por los medios, construyendo y divulgando el estereotipo de la feminista fea, gorda, velluda y sin maquillaje; una mujer desexualizada, frustrada porque no ha podido alcanzar el tan anhelado canon de belleza, y que descarga su insatisfacción y envidia contra aquellas mujeres que sí satisfacen los imaginarios masculinos.

Empero, estas narrativas no son azarosas, por el contrario, intentan alejar a las mujeres del conocimiento y del pensamiento crítico, generar rechazo hacia el feminismo, así como evitar la creación de redes y comunidad entre mujeres. Esto con el fin de evitar el cuestionamiento de los cánones de belleza instaurados, la organización y lucha contra el patriarcado, y, de este modo, garantizar la pasiva aceptación y perpetuación de los roles y estereotipos de belleza arbitrariamente exigidos.

---

[152] Por ejemplo, el programa estadounidense *Good Work*, en el cual los presentadores hablaban sobre el "buen trabajo" y el "mal trabajo" de las celebridades de Hollywood con respecto a la calidad de su cirugía plástica.

[153] En estos programas, se revictimizan a las mujeres que se han sometido a múltiples procedimientos estéticos o cirugías infructuosas, se les cuestiona y responsabiliza por sus malas elecciones sin que exista un cuestionamiento al mensaje alienante de los medios de comunicación, la industria de la belleza o de la cirugía plástica; entre estos es posible mencionar *Botched* (Estados Unidos) y *Desastres Estéticos* (Reino Unido).

Patologías de orden psicológico individual

La dimensión psicológica es otro de los elementos clave a considerar en lo que refiere a los factores que influyen en el actual proceso de modificación del cuerpo a través de procedimientos quirúrgicos y no quirúrgicos con fines estéticos. La afanosa búsqueda de la belleza tiene riesgos, pues, como bien lo demostró el mito griego de Narciso y Dorian Gray de Oscar Wilde, los límites entre la contemplación de la belleza y la obsesión mortal son muy delgados.

En el caso que nos ocupa, la imposición de las expectativas de belleza sobre la feminidad, el bombardeo mediático de los cánones de belleza,[154] la constante exposición de las niñas y mujeres a modelos de belleza surrealista, su cotidianización a través de diversos agentes de socialización, así como su divulgación a través de los concursos de belleza infantiles,[155]

[154] Desde la década de los 90, se han realizado numerosos estudios que dan cuenta de la estrecha relación existente entre la difusión de estereotipos de belleza femenina y la afectación de la autoimagen corporal de las mujeres; los altos índices de insatisfacción corporal, la tendencia a padecer trastornos alimenticios, así como una mayor propensión a someterse a procedimientos estéticos y quirúrgicos para cumplir con los ideales divulgados en los medios de comunicación.

[155] Los concursos de belleza en los cuales se objetualiza, evalúa y califica la imagen de las niñas se expanden cada vez más en los diferentes ámbitos de socialización, entre los cuales es posible considerar las escuelas y las comunidades. En estos, de acuerdo a los patrones de belleza instaurados, se elige cuales niñas pueden o no participar, donde la mayoría, al no responder a los estereotipos, suelen ser excluidas, ridiculizadas y sometidas a las burlas de sus compañeros y vecinos. Mientras que en el caso de las niñas elegidas como "representantes de belleza" se les crea la necesidad de seguir participando en dichos concursos, pero, sobre todo, se les envía el mensaje de que su valor como persona está determinado por su belleza. Esta calificación de la belleza femenina va a estar presente a lo largo de la vida de las mujeres, dado que los concursos de belleza también van a estar presentes en universidades, lugares de trabajo y otros espacios en los que las mujeres hacen vida; exponiendo a las niñas y mujeres a la medición y calificación de la belleza, al mismo tiempo que condicionando su aceptación y valoración social a la adecuación o no del mismo. En el caso de países como Venezuela, donde existe una permanente y sistemática sobreestimulación de la belleza, y el cual ha sido reconocido como el país con las personas más vanidosas del mundo, donde se espera que sus habitantes sean lo más atractivos posible, y considerado como uno de los países con más reinas de belleza universales (Esqueda, Hernández y Herrera, 2011), las niñas dedican largas horas a jugar con ser Miss Venezuela, y crecen con la idea de ser *misses*. Esto genera significativos problemas de autoestima y aceptación en aquellas que no cumplen con las expectativas de belleza exigidas y obliga a someterse a diversas cirugías estéticas a aquellas que sí creen que pueden lograrlo. Sin embargo, esta obsesión por ser Miss Venezuela en muchos casos es alimentada en las niñas desde sus primeros años de vida por las madres —quienes también han sido socializadas desde la llamada "cultura miss"—. Este hecho es

los dibujos animados y los juguetes dirigidos a las niñas[156] contribuyen a la representación de modelos de belleza ficticios e inalcanzables, y,

presentado satíricamente en el largometraje *Tres Bellezas* (2015), escrita y dirigida por Carlos Caridad Montero, donde Perla enseña a sus hijas a vomitar después de comer, coloca candados a la nevera y la despensa para controlar lo que comen, las somete a tratamientos de belleza, las inscribe contra su voluntad en concursos de belleza, y las presiona a cumplir sus expectativas aun cuando la seguridad física y emocional de sus hijas se encuentre en juego. Pero las restricciones impuestas por Perla a sus hijas van acompañadas de una socialización hostil, individualista, donde el engaño y la traición se convierten en la mejor arma en la competencia por lo anhelado, afirmando que "una *Miss* tiene que aprender a ser viva, a decir mentiras, tiene que aprender a traicionar". Así mismo, la madre acepta la realización de cirugías estéticas bajo el argumento de que "la flor de plástico nunca se marchita".

[156] Las niñas están constantemente bombardeadas por los ideales de belleza, los juguetes dirigidos a ellas generalmente contienen maquillaje, labiales, rubores, pinturas de uñas, peinadoras, set de peluquería, entre otros. En lo que respecta a las muñecas, estas ya no solo enseñan a las niñas a maternar, sino que les enseñan a sobrevalorar la belleza y a considerar que esta debe ser su prioridad. Un ejemplo de ello es la emblemática muñeca Barbie, creada en 1959, la cual se consolidó como el instrumento de socialización por excelencia de las niñas, naturalizando el mito de la belleza como el deber ser de la feminidad, pero, además, legitimando en el inconsciente colectivo que ser bella significa ser alta, muy delgada, de cabello liso, rubio y ojos azules. De este modo, queda en evidencia que la Barbie no es un juguete inofensivo, por el contrario, como señala Iris Montaño (2001) en su ensayo *Mujer belleza y psicopatología*, cuando Brownell y Cols estudiaron las proporciones de talla, peso y contornos físicos de Barbie encontraron que es un modelo poco realista, que puede tener repercusiones en la estructuración psicológica de la imagen corporal de las niñas y alterar su sensibilidad estética. La Barbie, por su belleza, ha sido considerada un símbolo de éxito, por lo cual muchas niñas han crecido con la idea de someterse a modificaciones corporales para alcanzar sus estándares de belleza. No obstante, este hecho no ha pasado desapercibido, y durante décadas Barbie ha recibido críticas por promover una imagen irreal del cuerpo de las mujeres, avergonzar y deteriorar el autoestima de las niñas con sus estándares de belleza inalcanzables, contribuir al padecimiento de trastornos dismórficos corporales y trastornos alimenticios en quienes quisieran imitar su imagen, al mismo tiempo que ha sido criticada por la ausencia de diversidad étnica, pues incluso las versiones latinas y afroamericanas de la muñeca han mantenido marcados rasgos europeos y una corporalidad extremadamente delgada. Esta crítica, sumada al decrecimiento de las ventas durante los últimos años, favoreció que durante el año 2016 Mattel lanzara al mercado una nueva línea de muñecas denominada "Amanecer", compuesta de cuatro tipos de cuerpos: tradicional, curvilínea, pequeña y alta, además de siete tonalidades de piel con las cuales todas las niñas "puedan sentirse identificadas". Pese a ello, no puede perderse de vista que esta aparente diversificación no supone un proceso de deconstrucción y desarticulación de los estereotipos de belleza, la realidad es que Mattel solo ha ampliado el espectro de sus estereotipos, incluyendo nuevas proporciones corporales y tonalidades de piel en sus estándares de belleza, para atraer como consumidoras a las niñas y mujeres que no se sentían identificadas con la Barbie tradicional. En este contexto, también es posible considerar a las muñecas Bratz, las cuales se caracterizan por sus significativas cantidades de maquillaje, su imagen hipersexualizada,

por tanto, a la creación de un significativo impacto en la estructura socio-psicológica de las niñas y las mujeres, lo cual se hace manifiesto en la permanente búsqueda de la perfección corporal.

> La imposibilidad de acceder a esos cánones físicos influye directamente en la autoestima y la autodegradación del individuo excluido, sin mencionar patologías fisiológicas severas concernientes a los desórdenes alimenticios en busca de la talla perfecta. Estamos hablando de una violencia, desde ya psicológica, pero no menos, y en el amplio sentido de la palabra, física. (Murolo, 2009, sp)

Estos estereotipos masivamente consumidos promueven la comparación, la subvaloración, el rechazo del cuerpo propio y favorecen la idealización de la belleza mediatizada y canonizada de las mujeres. En este contexto, las modificaciones estéticas son instauradas en el imaginario femenino como una vía de escape frente a las insatisfacciones, las cuales aparentemente permiten superar la ansiedad, las frustraciones, los traumas, los rechazos, las preocupaciones, la vergüenza, la depresión, las culpas, los complejos y el odio con respecto al cuerpo.

> Lo habitual es que sea el alto grado de desazón y de sufrimiento que padecen muchas mujeres por tener tales bolsas bajo los ojos, tal papada caída, tal nariz prominente o tal dentadura saliente lo que las lleve al cirujano, como única forma de aliviar ese malestar. Consiguen así renegociar su propia identidad, sentirse "normales" o "agradables", y "reducir la distancia entre lo interno y lo externo para que los otros puedan verlas como ellas mismas se veían". (Davis en Altuna, 2010, p. 63)

No obstante, el bombardeo con estos estereotipos de belleza femenina, aunado a una socialización que impone el cumplimiento de la expectativa de belleza, en muchos casos contribuye a la emergencia de trastornos de la imagen corporal, trastornos dismórficos corporales[157] y

sus medidas corporales irreales y su presentación entaconadas y vestidas como para una salida nocturna, muñecas que les venden a las niñas la idea de que necesitan convertirse en maniquíes para satisfacer las exigencias de las industria que las quiere toda su vida acomplejadas, maquilladas y operadas.

[157] Según Montaño (2001), el trastorno de la imagen corporal fue definido por Rosen como la insatisfacción relacionada con algún aspecto de la apariencia física, menos dramática y aparentemente más benigna que el trastorno dismórfico corporal, pero igualmente incapacitante para el paciente en las áreas social y ocupacional; por su parte, el TDC fue reconocido como entidad independiente en 1987 y definido como la preocupación por un

los trastornos alimenticios.[158] Así mismo, en algunas oportunidades el interés por modificar el cuerpo se convierte en una obsesión, en una necesidad impostergable, irrenunciable e ineludible, la cual no concluye con la compra de algunos cosméticos, la realización de eventuales y esporádicos procedimientos estéticos no invasivos o con la realización de una o dos intervenciones quirúrgicas.

De acuerdo con Montaño (2001), también hay casos dramáticos que ilustran estas tendencias actuales, entre estos es posible mencionar a Cindy Jackson, quien ha padecido 22 cirugías estéticas para igualarse a la Barbie, con resultados desastrosos; la artista francesa Orlan, quien se ha sometido a 8 cirugías públicas buscando transformar su rostro en un collage de rostros renacentistas (la frente de la Gioconda, los ojos de la Psique de Jerome, la barbilla de la Venus de Botticelli y la boca de la Europa de Boucher); la *socialité* Jocelyne Wildenstein, quien alcanzó su objetivo de transformarse en la leona humana después de 59 operaciones; la llamada reina del escalpelo, Juliana Borges (Miss Brasil), quien aspiraba a la corona de señorita Universo luego de realizarse 23 pequeñas correcciones a su anatomía. Así mismo, también es posible considerar a la actriz y cantante argentina Sabrina Sabrok, quien se ha realizado más de 50 cirugías estéticas, su vida estuvo en riesgo cuando sufrió la rotura de sus implantes de glúteos, y aún así afirma que desea romper el récord de tener los senos más grandes del mundo. Lamentablemente, estos casos, que más que desmotivar y desincentivar el interés por la modificación corporal a través de la cirugía estética, continúan erigiéndose como modelos a imitar.

La consolidación de la industria cosmética y la democratización de la cirugía estética

La creación de la belleza femenina, o como le ha llamado Giles Lipovetsky (1999) la invención del "bello sexo", no es inocente, casual,

---

defecto físico imaginado o la focalización exagerada hacia una ligera anomalía física del paciente.

158 Los trastornos alimenticios o trastornos de la conducta alimentaria, según Reynaga (2009), se definen como aquellos procesos psicopatológicos que conllevan graves anormalidades en las actitudes y comportamientos respecto de la ingestión de alimentos cuya base se encuentra en una alteración psicológica, que se acompaña de una distorsión en la percepción corporal y de un miedo intenso a la obesidad.

ni azarosa. Desde que se tienen registros históricos, los ideales de belleza han sido creados por los hombres, han sido ellos quienes han establecido qué es y cómo debe ser esa belleza, han sido los hombres quienes desde la religión, la política, la filosofía, la ciencia y el arte han exigido la belleza como condición femenina, han sido ellos quienes han esculpido, pintado, escrito y recitado sobre la belleza de las mujeres, y quienes en determinadas épocas han prohibido o permitido, aceptado o sancionado ciertos comportamientos, vestimentas, expresiones corporales y ornamentos femeninos.

No obstante, los hombres crearon el canon de belleza femenina (y con ello mujeres a su gusto y su medida) no solo para el disfrute y satisfacción de sus sentidos e imaginarios eróticos, sino también para su enriquecimiento.[159] Este hecho explica la creación de una gran industria en torno a la belleza, donde en sus inicios, pero aun en la actualidad, los principales propietarios de las casas de moda, las agencias de modelos, las revistas de belleza, las franquicias de concursos de belleza, las grandes empresas cosméticas, los salones e institutos de belleza y las clínicas estéticas son hombres.

Han sido los hombres quienes crearon el ideal de belleza femenina, quienes instauraron en las mujeres la necesidad de responder a esos estereotipos mediante la modificación de la imagen corporal, y quienes diseñaron toda una industria de pintalabios, coloretes, delineadores, pestañas postizas, tintes, alisadores, extensiones capilares, pelucas, dermoabrasiones, blanqueadores de la piel, cremas depiladoras, anticelulíticas, antiestrías, antiedad, rellenos, corsés, fajas, marcadores y resaltadores de silueta, botox, *liftings*, mamoplastias, liposucciones, implantes de glúteos, entre otra infinidad de productos y servicios, para atender los miedos e inseguridades creadas en las mujeres y que, aparentemente, les permitieran acercarse o alcanzar el tan anhelado canon de belleza norteamericano con el que han sido bombardeadas.

---

[159] En ningún momento del proceso histórico social las mujeres han construido o definido un canon de belleza, por el contrario, este fue creado y definido por los hombres para la satisfacción de sus imaginarios, para su enriquecimiento, pero también como un mecanismo de control social de la mujeres. Hasta ahora, todos los cánones que han existido han sido y son masculinos; por ejemplo, el canon de la historia, el canon de la ciencia, el canon de la sociología, el canon de la literatura, el canon de las artes, los cuales los conforman invariablemente hombres. El único canon adjudicado a las mujeres es el canon de belleza, esto pone en evidencia que no es una creación de ellas, sino el único espacio concedido por ellos para la realización de una feminidad también definida y direccionada por el mandato patriarcal.

> La industria de productos de belleza del Reino Unido obtiene cada año 8.900 millones de libras esterlinas de los bolsillos de las mujeres. Revistas financiadas por esta industria inculcan a las niñas la necesidad de usar maquillaje y les enseñan a emplearlo, implantando así su dependencia de por vida de los productos de belleza. No satisfechas con enseñar a las adolescentes el uso de bases de maquillaje, polvos, difuminadores, colorete, sombras de ojo, perfiladores de ojos, perfiladores, lápices y abrillantadores de labios, las revistas también ayudan a detectar problemas de sequedad de piel, descamación, puntos negros, brillo, piel mate, imperfecciones, hinchazón, piel sebosa y espinillas, que las niñas deberán tratar con humidificantes, revitalizantes, mascarillas, compactos, enjuagues, lociones, cremas limpiadoras, tónicos, exfoliantes, astringentes. (...) Los cosméticos para preadolescentes son relativamente baratos, pero al cabo de pocos años un *marketing* más sofisticado conseguirá convencer hasta a la joven más sensata para que despilfarre su dinero en la adquisición de preparados alquímicos que pueden contener cualquier cosa, desde seda hasta cachemira, perlas, proteínas, jalea real, extractos de placenta, "ceramidas", "biotina", colágeno, "fitotensores", "bisabolol", jojoba, "hidrocaptores", "serina", ácidos hidróxidos frutales, "oleosferas", "corneosferas", "nanovectores", glicerol, y cualquier otro componente, real o ficticio, capaz de retrasar su inminente caída en una repulsiva decrepitud. (Greer, 2001, p. 39)

Estos hechos en su conjunto ponen en evidencia que la humillación, el rechazo, la descalificación, los complejos, el autodesprecio, la inseguridad, los miedos, la inconformidad y el malestar de las mujeres con respecto a su cuerpo es un negocio muy lucrativo para los hombres que dirigen la industria de la belleza.[160]

> La industria de las dietas (33 mil millones de dólares al año), la industria de los cosméticos (20 billones de dólares), la industria de la cirugía estética (300 millones de dólares) y la industria de la pornografía (7 millones de dólares al año). Todas estas industrias han florecido gracias a las ganancias que deja la ansiedad inconsciente. (Wolf, 1992, p. 222)

[160] A las mujeres se les empuja a desear ser bellas, pero la concreción de este deseo supone un acto de consumo, impuesto y promovido por las industrias de la belleza. Una mujer conforme con su imagen física es una mujer que no consume los productos que le son ofrecidos para esconder sus ojeras, alargar sus pestañas, colorear sus mejillas, quitar sus arrugas, alisar su cabello, desaparecer sus manchas, quitar sus vellos, aplanar su vientre o aumentar sus pechos; por ello, la inconformidad física es el motor del consumo en la industria de la belleza.

Este malestar inducido, la promoción de los procedimientos estéticos en los medios de comunicación y el desarrollo de la industria cosmética, farmacéutica y médica han permitido, facilitado y masificado la modificación corporal de las mujeres, en el contexto de una industria estética que se ha incorporado al engranaje productivo de la "mcdonaldización". Esta, según George Ritzer (1996), se constituye a partir de cuatro dimensiones: la eficiencia, la previsibilidad, un acento sobre la cantidad en lugar de la calidad y un control mediante la sustitución de la tecnología humana por la no humana.

En la actualidad, las modificaciones estéticas son solicitadas y realizadas de manera tan rápida y masiva como pedir un combo de comida rápida en una franquicia. En cualquier esquina de las grandes y pequeñas ciudades del mundo, se disponen de consultorios y establecimientos de salud, donde en lugar de encontrar provisiones para engañar el hambre ahora es posible realizarse procedimientos estéticos invasivos con o sin el cumplimiento de la reglamentación y condiciones sanitarias; de este modo, ponen en peligro la vida de las personas al sustituir los criterios de cantidad por los de calidad. Además de ello, con estos procedimientos estéticos, al igual que con el consumo de comida rápida, la sensación de satisfacción y llenura que producen son temporales y pasajeros; la idea de que las modificaciones estéticas van a cambiar la vida de quien se las realizan —posterior a la realización del procedimiento— se desmorona al percibir que sus condiciones de vida, relaciones sociales, situación emocional y afectiva permanecen igual al periodo previo de la realización del procedimiento.

Esta "mcdonaldización" de los procedimientos de belleza también contribuyó a la democratización de la cirugía estética, pues en el pasado las modificaciones estéticas eran un privilegio de las clases detentoras del poder económico, siendo consumidas principalmente por las mujeres de elevados recursos y poder adquisitivo, fundamentalmente aquellas que hacían vida en los medios de comunicación, información y difusión masiva. Sin embargo, en la actualidad, la modificación estética se ha hecho más accesible para las mujeres de diversos estratos socio-económicos,[161]

[161] En la actualidad, las mujeres para realizarse estos procedimientos e intervenciones en sus cuerpos son capaces de gastar los ahorros de toda una vida, solicitar créditos bancarios, préstamos a familiares y amigos, endeudarse por elevadas sumas de dinero o vender sus bienes; así mismo, el interés por realizarse estos procedimientos ha favorecido la captación de adolescentes y mujeres por parte de las redes de trata con fines de explotación sexual, como bien lo ilustra la emblemática novela y serie colombiana *Sin tetas no hay paraíso.* Al respecto, también es importante mencionar que algunas mujeres optan por viajar a

pues, para la cirugía plástica —especialidad médica de auge—, todas las mujeres son percibidas como objetos, clientas y negocio.

No obstante, en muchos casos la accesibilidad a estos tratamientos se encuentra estrechamente ligada a una mayor participación femenina en el trabajo remunerado, la incorporación de la modalidad de crédito en la realización de cirugías estéticas,[162] así como a una baja en los costos derivada de la utilización de materiales de menor calidad,[163] la implementación de instrumentos inadecuados, materiales vencidos, la reutilización de implantes, la utilización de sustancias y materiales no aptos para el uso médico, como la inyección de biopolímeros, la realización de estos procedimientos en lugares no certificados, sin registro o permisos sanitarios y la proliferación de clínicas clandestinas. Esto, como es de esperarse, tiene como resultado diversos problemas de salud, a los cuales están expuestas principalmente las mujeres con menor poder adquisitivo y menor información,[164] quienes con frecuencia perecen al no contar con los recursos económicos para una atención médica posterior ante la ocurrencia de alguna complicación.

---

otros países a realizarse estas cirugías estéticas, donde en apariencia pueden resultarles más económicas; sin embargo, en algunos casos las condiciones no son las esperadas y se han conocido casos de mujeres que mueren en el extranjero durante la realización de procedimientos y cirugías cosméticas electivas.

[162] De acuerdo a Cabrera (2010), las empresas dedicadas a la cosmética y la cirugía estética, conscientes de la necesidad creciente de conseguir un cuerpo "perfecto" —al igual que la industria inmobiliaria y automovilística—, han optado por ofrecer la reconstrucción corporal mediante el pago financiado.

[163] Un ejemplo de ello es el caso de los implantes PIP, fabricados por "Poly Implant Prothese", los cuales en el año 2010 la Agencia Francesa de Seguridad Sanitaria (AFSSAPS) dispuso el retiro del mercado, cese de distribución, exportación y uso de la referida marca, motivado por la evidencia de transudación del gel, roturas, utilización de materiales no aprobados y recambio temprano de aproximadamente el 30% de los implantes colocados (Díaz, 20015). Este hecho dio paso a la creación de la Asociación Mundial de Víctimas de Implantes PIP (PIPA World) y, según esta, Colombia (60.000) y Venezuela (40.000) tienen la mayoría de afectadas PIP. También se han registrado numerosos casos en países como Reino Unido (50.000), Francia (30.000), España (18.000), Brasil (12.000), Italia (10.000), México (10.000), Argentina (12.000), Australia (6.000), Suecia, Dinamarca, Noruega, Finlandia (5.000), Irlanda (3.000), Alemania (3.000) Ecuador (2.000), Tailandia (2.000), Bulgaria (2.000), Holanda (2.000), Hungría (2.000), China (1.500) , Irán (1.500), Perú (1.500), Uruguay (1.000), Islandia (800), Austria (500), entre otros.

[164] Con frecuencia, las mujeres que acuden a la realización de procedimientos estéticos invasivos no son informadas detalladamente por sus médicos, como tampoco asesoradas y advertidas acerca de los riesgos asociados a la realización de procedimientos ambulatorios o quirúrgicos dirigidos a modificar su imagen.

El establecimiento del canon de belleza femenino como una nueva forma de misoginia

Desde la prehistoria y en las diferentes etapas del proceso histórico social, se ha intentado con voraz insistencia despolitizar las representaciones iconográficas de las mujeres, sacralizándolas o dotándolas de ideales de belleza con el objetivo de alejarlas de los espacios de poder y toma de decisiones, pues una mujer preocupada y ocupada en satisfacer las expectativas de la feminidad y el canon de belleza exigido es una mujer confinada al espacio privado.[165] De este modo, los cánones de belleza alejan a las mujeres de los espacios de toma de decisión política, de la economía, de la producción de conocimiento, de las dinámicas organizativas y relacionales de la sociedad, de los procesos artísticos y de la creación literaria; por lo cual, es posible afirmar que los ideales de belleza aíslan a las mujeres y las reduce a un mero objeto ornamental.

En la actualidad, si bien a las mujeres se les oprime a través de múltiples y repetidas formas de discriminación, exclusión y violencia,[166] también es cierto que el patriarcado ha diseñado mecanismos cada vez más sutiles, imperceptibles y expeditos para el ejercicio de su tiranía. Entre estas es posible considerar la construcción, normalización, difusión e institucionalización de estereotipos de belleza, la promoción del consumo de la mercadería de la industria del embellecimiento y la creación de la imperiosa necesidad de la modificación estética.

Este bombardeo con imágenes de mujeres que responden al canon de belleza, la excesiva promoción publicitaria de los productos y servicios de la industria de la belleza, aunado a un proceso de socialización sexista, ha creado las condiciones para que la belleza se convierta en una prioridad en la vida de las mujeres, pues, según la narrativa construida, esta les permitiría alcanzar mejores posiciones y beneficios sociales, laborales

---

[165] A las mujeres se le confina no solo a sus ya restrictivos hogares, sino a sus reducidas habitaciones, ya que, durante siglos, se les socializo para que sus rituales de belleza fueran estrictamente realizados en la privacidad de sus habitaciones, para no incomodar a los beneficiarios (hombres) de su belleza.

[166] En nuestras sociedades, se normaliza e institucionaliza la desigualdad entre hombres y mujeres a través de narrativas que reproducen roles de género como el amor romántico y el mito del instinto maternal, se controla y revictimiza a las mujeres a través del control de su cuerpo, ejercido a través de las restricciones sobre su sexualidad y la prohibición del aborto; pero también se encuentran expuestas y sometidas a múltiples formas de violencia, como la violencia simbólica, mediática, laboral, política, patrimonial, institucional, obstetricia, el acoso, la trata, la violencia psicológica, sexual, física y el femicidio.

y un mejor trato en la vida cotidiana; así mismo, se convertiría en una herramienta para agradar al marido si ya se tiene o para conseguir uno si se lo busca.

Pero esta narrativa que intenta presentar a la belleza canoníca como un símbolo de emancipación y empoderamiento femenino no es más que una estrategia de *marketing*, pues la belleza nunca ha sido una herramienta de acción social o política, de combate ni de acceso al poder, por el contrario, esta sistemática y repetidamente ha alejado a las mujeres de estos espacios,[167] ha limitado e impedido su emancipación y ascenso social, al mismo tiempo que las ha deshumanizado. Es decir, las ha convertido en juguetes, objetos de ornamento y trofeos para la exhibición de los hombres, pues los hombres necesitan mujeres que lucir.

Este mecanismo de control social de las mujeres ha estado presente de forma constante y permanente en nuestras sociedades; sin embargo, parece profundizarse en cada oportunidad en que las mujeres comienzan a sentirse fuertes, productivas, alcanzan mayores niveles de autonomía política, económica, académica, personal y sexual; cuando se organizan, participan y reclaman colectivamente sus derechos, o cuando logran alguna importante demanda de la agenda del movimiento feminista. En estos contextos, rápidamente se intenta desmoronar a las mujeres, desmovilizarlas, desconvocarlas, despolitizarlas y disciplinarlas a través del masivo bombardeo de feroces discursos, representaciones y exigencias de belleza.[168]

> Al tiempo que las mujeres lograron traspasar la barrera de la estructura de poder, los desórdenes alimentarios se multiplicaron y la cirugía plástica se volvió la especialidad médica de más rápido crecimiento. (...) Se duplicó el gasto consumista, la pornografía se volvió la categoría más importante del medio publicitario (por encima de las industrias fílmica y discográfica combinadas), y treinta y tres mil mujeres norteamericanas confesaron en

[167] Por ello, no es casual que los medios de comunicación hayan creado estereotipos en los cuales las mujeres que responden al canon de belleza carecen de capacidades intelectuales, perspectiva desde la cual se reproduce la idea de que una mujer bella es necesariamente una mujer estúpida. De este modo, las mujeres que han deseado acceder al intelecto y al poder han debido alejarse de estos cánones y estereotipos de belleza, desembellecerse en algunos casos e incluso masculinizarse.

[168] En la actualidad, la violación colectiva y el femicidio se han erigido como los principales y más explícitos mecanismos patriarcales para el disciplinamiento de las mujeres y la desmovilización del movimiento feminista; no obstante, el mito de la belleza continua tan vigente como antes, por su fácil penetración en la psique de las mujeres, así como por la masividad de su alcance.

las encuestas de una investigación que su meta más importante en la vida es perder entre 5 y 10 kilos. (Wolf, 1992, p. 215)

Estos hechos en su conjunto colocaron a Naomi Wolf en alerta, por lo cual, para 1990 ya había establecido la relación entre los logros materiales y legales de las mujeres, y la arremetida contra ellas con los estereotipos de belleza, evidenciando que a medida que aumentaba el poder de las mujeres, aumentaba también la exigencia de belleza que se les hacía. De acuerdo con ello, advirtió de forma categórica que nos encontrábamos en medio de un violento contragolpe en contra del feminismo, pues el mito de la belleza pasó a ocupar el relevo de lo que Betty Friedan llamó la mística de la feminidad;[169] usando imágenes de belleza femenina cada vez más inflexibles y crueles como arma política contra el avance de las mujeres. Con ello se intentaba de manera lenta y soterrada destruir sus logros erosionando su psique, generando una drástica caída en el amor propio de las mujeres y, en consecuencia, un acelerado incremento en las ganancias para las empresas.

Desde esta perspectiva, con el establecimiento del mito de la belleza, la inducción al autorechazo y el autodesprecio, así como la promoción de la realización de modificaciones estéticas para satisfacer las expectativas y exigencias de los cánones de belleza, se profundiza una forma de dominación y control social sobre la mujer —que siempre ha existido—, que socializa la idea de que las mujeres al ser jóvenes, delgadas, blancas y bellas —o al menos parecerlo— encuentran mayor aceptación y valoración social. Contribuyendo a desviar la atención de las mujeres de asuntos relevantes sobre su situación social, al mismo tiempo que las aleja de los espacios de producción de conocimiento, acción política y toma de decisiones.

[169] "La mística de la feminidad es un modelo educativo difundido como paradigma imperante después de la Segunda Guerra Mundial, que preconiza la vuelta de las mujeres al hogar como el sitio donde verdadera y felizmente podrían realizarse. Esta mística de la feminidad es uno de los elementos reaccionarios que han aparecido como respuesta a la movilidad y visibilidad que las mujeres adquirieron en la esfera pública durante la Segunda Guerra Mundial. Dicha involución del lugar político y social de las mujeres será un fenómeno común a todo occidente: una vez finalizadas las guerras, y a pesar de que las mujeres habían desempeñado en ellas papeles de gran importancia, tanto en la retaguardia como en primera línea, las mujeres experimentan un retroceso tanto en su valoración social como en sus posibilidades de participación en el espacio público" (Branciforte, 2007, p. 105).

La expectativa patriarcal y la violencia estética

Cuando se aborda esta problemática pocas veces se hace referencia a ello; sin embargo, otra de las causas que contribuye en gran proporción a que las mujeres se sometan a diversos procedimientos y cirugías estéticas es la expectativa patriarcal. En las diferentes etapas de nuestra historia y procesos organizativos de nuestra sociedad, las mujeres han sido concebidas como un objeto, sobre las cuales han sido colocadas intransferiblemente las exigencias estéticas, y quienes han sido socializadas para la exhibición, la contemplación y el disfrute de los hombres.

Esta relación desigual, en la cual la belleza se establece como condición intrínseca de la feminidad y se encuentra a disposición para el consumo masculino, crea las condiciones para que, en las diferentes instituciones que socializan a las mujeres, los diferentes procesos interactivos en los que participan y los ámbitos en los que hacen vida generalmente se encuentren presionadas para responder y satisfacer las fantasías masculinas impuestas por la patriarcalidad.[170] Entre estas, es posible considerar las grandes proporciones, la voluptuosidad, la exuberancia, la sexualidad y el exhibicionismo condensado en el canon de las *pin-up*; o la delgadez extrema, la menudencia, la candidez y la virtud púber, expresada en el canon de la *miss* o la modelo de apariencia anoréxica.

Este hecho ha creado las condiciones para que, según John Berger (2006), las mujeres hayan llegado a verse a sí mismas como algo para ser mirado, pues los hombres miran a las mujeres, las mujeres se contemplan a sí mismas siendo miradas, y este hecho determina no solo la relación entre hombres y mujeres, sino también la relación de la mujer consigo mismas. Por ello, según Parsons (1978), es en la adolescencia cuando la mujer, al percatarse de su situación de inferioridad social y del hecho de que su seguridad y reconocimiento depende fundamentalmente de su relación con el hombre, accede sin cuestionamiento a la dinámica que le es exigida y promovida. Esta es la explotación de su cuerpo y de determinados atractivos, la coquetería y el *sex-appeal*, como recurso

---

[170] Como bien han señalado Emilio García e Irene García (2004), en la publicidad suele filtrarse la idea de que la mujer es un complemento del hombre, para el que debe ser su amante, su adorno y su trofeo. De acuerdo a ello, para complacerle y satisfacerle, la mujer debe preocuparse por conseguir resplandecientes joyas y minúsculas, exóticas y atrevidas prendas íntimas, así como los últimos jabones de efectos mágicos y los vestidos de última moda.

en la competencia con otras jóvenes por el "amor" y reconocimiento del varón.[171]

Empero, esta exigencia de cualidades de belleza en las mujeres y la autodefinición de los hombres como los jueces de esa belleza demandada favorecen la puesta en práctica de otra forma de violencia contra la mujer poco atendida y no tipificada en la normativa jurídica de los países; que ha alcanzado grandes proporciones, ha cobrado la vida de una multiplicidad de mujeres y puede ser definida como violencia estética.

Esta violencia estética puede explicarse como el tipo de violencia en la cual el hombre, en el contexto de la relación de pareja, con frecuencia reclama y agrede verbal y psicológicamente a la mujer por el no cumplimiento de sus expectativas estéticas. Le exige la satisfacción de sus exigencias de belleza para poder mantener o reanudar la relación amorosa, o la amenaza con ser sustituida por otra si engorda, si envejece o si deja de ser atractiva. Este tipo de violencia generalmente naturalizada e invisibilizada se concreta en disimulados discursos desestabilizadores y cargados de hostilidad, donde el hombre avergüenza a la mujer, critica con ahínco su imagen y apariencia física, su modo de vestir, de peinar, su maquillaje —o la ausencia de este—; descalifica y desprecia la forma del cuerpo, y humilla y ridiculiza a la mujer en privado o frente a otros porque no responde al canon de belleza mediatizado.

> Las agresiones son tan sutiles que no dejan un rastro tangible, y los testigos tienden a interpretarlas como simples aspectos de una relación conflictiva o apasionada entre dos personas de carácter, cuando, en realidad, constituyen un intento violento y a veces exitoso de destrucción moral e incluso física. (Hirigoyen, 1999, p. 15)

[171] En este contexto, es imperativo deconstruir la noción de privilegio que se comienza a popularizar entre las mujeres, pues se habla de cuerpos privilegiados y no privilegiados por la adecuación o no al canon de belleza. Algunas de estas mujeres se adecuan al canon por naturaleza o por manipulación médica; sin embargo, el problema no son ellas con sus cuerpos "hegemónicos", pues el denominado cuerpo hegemónico no es más que aquel cuerpo que cumple y satisface las expectativas de belleza impuestas en el proceso de socialización, es decir, un cuerpo patriarcalizado. La atención y la discusión debe estar puesta en el sistema que construye diferenciaciones, que jerarquiza a las mujeres de acuerdo a sus cuerpos, que las evalúa y califica, que construye marcos referenciales de la fea y la bella, que las clasifica y que a todas por igual las convierte en consumidoras de estos estereotipos e ideales. Esto no exime a cada quien de sus particulares responsabilidades, muchas mujeres ejercen violencia contra otras cuando cuestionan sus cuerpos, se burlan, las excluyen, discriminan y exponen por no responder como ellas a las expectativas de belleza; no obstante, esto es una consecuencia de la categorización y jerarquización de los cuerpos de las mujeres, no la causa.

En este escenario, el hombre inconforme y frustrado porque desea a esa muñeca de perfectos rasgos y medidas exactas que le ha sido prometida por el patriarcado, y con la que ha sido bombardeado por los medios de comunicación y la industria pornográfica, exige, promueve e induce a la mujer a someterse a alisados de cabello, blanqueamientos de la piel, dietas, restricciones alimentarias, cirugías de aumento de busto y de glúteos, y a toda la multiplicidad de productos y servicios de la industria estética que le permitan satisfacer el canon de belleza.[172] Forma de violencia contra la mujer que, además, suele ser justificada y encubierta por el hombre bajo el argumento del fortalecimiento de la relación amorosa y de la autoestima de la mujer —presionada para satisfacer sus expectativas e imaginarios—.[173]

Otra de las formas en las que se expresa la violencia estética es cuando los hombres acusan a las mujeres de tenderles trampas y engañarlos con su apariencia. En algunos casos, las acusan de mentirosas por utilizar filtros, editar sus fotografías o simplemente por no lucir en la vida real exactamente como en sus redes sociales. En otras oportunidades, las señalan, critican o se burlan de ellas al "descubrir" que su aparente belleza no era más que un artificio construido con maquillaje, pestañas postizas, extensiones de cabello, fajas, sostenes con relleno o implantes; artilugios que las ayudan a mejorar su apariencia e intentar responder al exigente e irreal canon de belleza que les ha sido impuesto.

Finalmente, si bien es poco frecuente, también se han difundido en los medios de comunicación algunos casos en los cuales los hombres demandan a sus esposas tras verlas sin maquillaje, por darles "hijos feos", por

[172] Una de las diversas expresiones de esta forma de violencia aparece retratada en la novela *Adiós* de Cielo Latini (2019), donde la protagonista relata que cuando cumplió 22 años su pareja —varios años mayor que ella— le sugirió que, si quería que le fuera bien, no importaba en qué, necesitaba hacerse las tetas: "No te estoy diciendo que no te van a contratar, te estoy diciendo que si te ponés las tetas te van a contratar mucho más". Tras buscar un cirujano de muy buena reputación en internet, acudió a la consulta con su pareja, quien, según la protagonista, no confiaba en su criterio y quería opinar sobre su pecho.

[173] Un ejemplo de ello es el caso de la *socialité* Jocelyn Wildenstein, conocida como la mujer gato o la mujer felina, quien, para agradar a su esposo, quien amaba los gatos de gran tamaño y comenzaba a distanciarse, decidió someterse a más de 30 operaciones valoradas en cuatro millones de euros para transformar quirúrgicamente su rostros en el de un felino.

engordar tras el matrimonio o por envejecer muy rápido; escenario ante el cual con frecuencia alegan daños psicológicos, estafa y engaño.[174]

Estos hechos en su conjunto ponen en evidencia que la modificación estética no es un capricho de las mujeres en la sociedad contemporánea, por el contrario, esta es una consecuencia de la histórica subvaloración de las mujeres, de su consideración como objeto de consumo masculino, así como de la construcción y establecimiento de cánones de belleza inflexibles e inalcanzables con los cuales prolongar la desigualdad y mantener a las mujeres fuera de las esferas de poder y representación social.

Al respecto, es necesario insistir en que no existe una sola causa, un solo factor o mecanismo que impulse a las mujeres a someterse a procedimientos cosméticos o quirúrgicos con fines estéticos. Esto puede darse como resultado de la presión y promoción de los estereotipos de belleza en los medios de comunicación, por el padecimiento de trastornos de carácter psicológico (los cuales en muchos casos son causados por el bombardeo de los medios y la industria de la belleza), por la democratización de los productos de la industria cosmética y la cirugía plástica, debido a su fácil acceso y a un abaratamiento de sus costos, como resultado de la violencia estética que las mujeres experimentan en el contexto de las relaciones de pareja, entre otros.

[174] En el imaginario social, prevalece la idea de que las mujeres engañan a los hombres con su apariencia, idea que fue heredada desde la Edad Media, donde se hizo recurrente el vilipendio de las mujeres por engatusar con su supuesta belleza a los ingenuos novios. "Convencido de que se casa con una belleza capaz de darle una descendencia que hará fructificar su patrimonio, el futuro marido teme descubrir a la luz de las velas un adefesio que le cause impotencia. El tema del marido engañado con la mercancía alimentará, de este modo, fantasmas sexuales y económicos vinculados a la perdida de la virilidad y del patrimonio" (Paquet, 1988, p. 40).

Capítulo 4

Consecuencias asociadas a la modificación estética y la intervención social

El machismo mata, con palabras y con balas, con golpes y con armas, con cuchillos y con hachas, con violencia explícita y solapada; pero los estereotipos de belleza que el machismo ha impuesto también matan. A las mujeres, desafiar el patriarcado les cuesta la vida, pero aceptarlo y adaptarse a su mandato también. Quienes transgreden el mandato patriarcal son asesinadas por los hombres (femicidio), pero las que aceptan el mandato de la feminidad se mueren intentando satisfacer los imaginarios de belleza y las expectativas patriarcales que les han sido implantadas, lo cual Virgie Tovar ha llamado (2018) feminicidio asistido.[175]

Los cánones de belleza que han sido creados por los hombres y exigidos a las mujeres en el contexto de una sociedad patriarcal no son inofensivos, por el contrario, son letales, ya que llevan a las mujeres al complejo, al miedo, al pánico, a la ansiedad y a la depresión por su aspecto físico; es decir, las aniquilan simbólica y físicamente. La imposición de cánones de belleza y las múltiples y sistemáticas formas de presión ejercidas contra las mujeres para responder a dichos estereotipos las empujan inevitablemente a la modificación estética, como una forma de evitar la discriminación, la violencia, el rechazo de familiares, amigos, grupos de pares y parejas; pero también para sortear la exclusión en los ámbitos educativos, laborales y en las diferentes interacciones cotidianas. Empero,

[175] Para Virgie Tovar (2018), la dieta es un "feminicidio asistido" que se ejecuta de dos formas, a nivel físico y a nivel emocional, ya que las mujeres se mueren de hambre para estar delgadas y sufren trastornos de alimentación que acarrean problemas de salud muy graves.

en esta búsqueda de aceptación, algunas mujeres solo llegan a conseguir la muerte.

No obstante, en este contexto es importante aclarar que el riesgo y la letalidad de los estereotipos de belleza no son una condición exclusiva de la sociedad contemporánea; por el contrario, los riesgos asociados al uso de cosméticos, dispositivos de belleza y cirugías estéticas han estado presentes en las diferentes etapas del proceso histórico social. En la antigua Grecia, era común el blanqueamiento de la piel con un maquillaje hecho a base de plomo, y en Roma se utilizaba el acetato de plomo y el estaño para blanquear la piel; sin embargo, esto tenía efectos muy nocivos en la salud de las mujeres, llegando incluso a causar la muerte.

El uso cotidiano de la cerusa para blanquear la piel en la antigua Roma tuvo más efectos negativos que positivos; corrompía la tez del rostro, oscurecía los dientes, reducía el flujo sanguíneo, entre otros padecimientos documentados. Así mismo, las dietas, o privación de los alimentos, recomendadas por el escritor romano Terencio (159-194 a.e.c.), para disimular y prevenir las "redondeces excesivas" en las mujeres, provocaron fatiga, anemia, debilitamiento físico progresivo, desnutrición, pérdida de peso, del tejido graso y de la masa muscular.

Así mismo, el popular vendado de pies en China[176] también tenía graves consecuencias, provocaba infecciones, necrosis, mutilaciones, deformidades y discapacidades motoras de por vida en la mayoría de las mujeres a quienes les fue practicado.

La blancura de la piel se convirtió en una obsesión para las mujeres durante la Edad Media, porque representaba un signo inconfundible de belleza, pero también de estatus social; esto las llevó a aplicarse sobre el rostro tiza disuelta en vinagre, cerusa, así como una mezcla de carbonato, hidróxido y óxido de plomo, la cual por su composición resultaba tóxica, y llegó a producir parálisis muscular y envenenamiento. Así mismo, según expone Paquet (1998), la tesis medica heredada de Galeno también

[176] El vendado de pies, también conocido como "pies vendados" o "pies de loto", era una práctica de belleza popular en China, en la cual a las niñas en sus primeros años de vida (entre los 2 y los 7 años) se les untaba los pies con leche de animales, sangre y otras hierbas (para tratar de prevenir infecciones), se les rompían 4 de los dedos del pie, se envolvían en seda y se presionaban contra un tablón sin descanso al menos por una década. Esta práctica fue prohibida en el año 1911, pero siguió siendo realizada en las zonas rurales hasta la década de 1950, además, según Rossi (1993), se estima que al menos el 50% de las mujeres chinas tenían pies vendados, cifra que alcanzaba casi el 100% para las mujeres de clase alta.

afirmaba que las pinturas en el rostro son tóxicas, producían ulceraciones, necrosis y enfermedades infecciosas.

> En los *Libri della famiglia de Alberti*, de 1437, el recién casado Gianozzo trataba de desalentar a su joven esposa de usar maquillaje, mediante la descripción de sus efectos dañinos en otra mujer: "Una mujer que quedó con pocos dientes en la boca, los que, para colmo, aparecieron tiznados de orín. Tenía los ojos hundidos y permanentemente inflamados, y el resto del rostro marchito y ceniciento. Toda su carne parecía descompuesta y repugnante. El pelo plateado era lo único que se podía mirar sin disgusto". Para proseguir diciendo que, en realidad, esta anciana gastada era una mujer que aún no había cumplido los treinta y dos años. Un *Tracte Containing the Artes of Curious Paintinge, Carvinge & Building*, del siglo XVI, dedicaba aún toda una sección a la naturaleza de ciertos cosméticos que entonces se hallaban en pleno uso, puesto que se suponía que las mujeres no eran conscientes de sus ingredientes y de los efectos nocivos que producían en sus usuarios. La sección comenzaba con una descripción bastante horripilante de los efectos perjudiciales del sublimado de mercurio, que podía ser parcialmente responsable de la rápida decadencia de la juventud y la belleza, cosa de la que se lamentaban las damas de la corte de la Reina Isabel. "El sublimado se denomina fuego mortal, debido a su naturaleza maligna y perjudicial. Está compuesto de sal, mercurio y vitriolo, destilados conjuntamente en un recipiente de vidrio. A esto, los cirujanos le llaman un corrosivo, porque, si se lo pone sobre la carne de un hombre, arde en un reducido espacio y mortifica el sitio, no sin gran dolor para el paciente. De ahí que las mujeres que lo emplean en la cara tengan siempre los dientes negros y muy fuera de las encías, como una mula hispánica, una respiración ofensiva y un rostro medio chamuscado y un cutis sucio… De tal suerte, estas mujeres simples, con la intención de ser más hermosas, se desfiguraron, apresuraron la llegada de la vejez y dieron ocasión a sus maridos de buscar otras mujeres en lugar de sus esposas, amén de otros muchos inconvenientes". (Matthews, 2018, p. 70-71)

Durante el Barroco, se utilizaba un polvo facial con alto contenido de plomo para cubrir los estragos de la viruela; sin embargo, su uso terminó en más de una ocasión en envenenamiento; así mismo, en esta época, las imposiciones de la vestimenta y los afeites también provocaron sofocos y desmayos en las mujeres. Por su parte, durante el periodo victoriano se hicieron comunes los cuerpos apretados por los corsés y otros instrumentos para moldear la figura, los cuales en el menor de los casos llegaron a producir reiterados y numerosos desmayos, y, en el peor de ellos, causaban la opresión de los órganos y su desplazamiento, deformaciones de la caja torácica —que a su vez provocaban infecciones como la tuberculosis—, así como frecuentes fracturas de costillas en el intento de conseguir una cintura más pequeña.

Este periodo también trajo consigo el consumo de arsénico en dosis muy pequeñas con el objetivo de hacer palidecer la piel, debilitarse y lograr el aspecto lánguido que demandaba el canon de belleza; sin embargo, en oportunidades su consumo culminó en la muerte. En lo que respecta a los inicios del siglo XX, el descubrimiento del radio popularizó su utilización en productos cosméticos como la crema de noche, el colorete, los polvos compactos, el talco, el tónico capilar, el jabón para la piel, entre otros. Estos productos de marca Radior (1918) fueron promocionados como:

> Una fuente de juventud y belleza que siempre fluye se ha encontrado por fin en los rayos de energía del radio. Cuando los científicos descubrieron el radio apenas soñaron que habían desenterrado un revolucionario "secreto de belleza". Lo saben ahora. Los rayos de radio vitalizan y energizan todo el tejido vivo. Esta energía se ha convertido en ayuda de la belleza. Todos y cada uno de los requisitos de inodoro 'Radior' contienen una cantidad definida de radio real. (Cosmetics and skin, 2016, sp)

En 1933, el farmacéutico Alexis Moussali y el médico Alfred Curie lanzaron al mercado francés una gama de productos de belleza radiactivos llamada Tho-Radia, que incluía leche limpiadora, crema para la piel, polvo, colorete, lápiz labial, pasta de dientes, entre otros. La publicidad de la empresa afirmaba que el radio en los productos estimulaba la vitalidad celular, activaba la circulación, reafirmaba la piel y eliminaba las grasas y las arrugas; sin embargo, los efectos del radio fueron devastadores, produciendo necrosis y desprendimiento de los miembros y los tejidos, anemia aplásica y tumores.

Ahora, si bien es cierto que desde que existen nociones de belleza estos han puesto en peligro a las mujeres, no fue sino con la consolidación de la industria cosmética, de la cirugía plástica y la democratización de estos productos y servicios que las consecuencias de estos procedimientos de belleza se masificaron. Sobre esto hay que reconocer que en muchos casos la realización de procedimientos estéticos no tienen consecuencias o reacciones adversas durante o posterior a su intervención, pero la respuesta no siempre es satisfactoria. La adopción de estos métodos, así como la realización de procedimientos e intervenciones estéticas invasivas también tienen graves consecuencias de carácter físico y psicológico en la vida de las mujeres.

Los tratamientos estéticos y la cirugía plástica pueden alterar el estado emocional de las mujeres que se los realizan, pueden contribuir a la pérdida de la identificación con el cuerpo propio,[177] pero también pueden producir la depresión, la ansiedad, la culpa, la vergüenza, el aislamiento y la fobia social que con la cirugía se pretendía y esperaba evitar. Así mismo, tras la realización de los procedimientos estéticos, las mujeres pueden obsesionarse más aún con su apariencia física, desencadenando trastornos alimenticios y trastornos dismórficos corporales. Además, cuando estos procedimientos y operaciones se realizan a temprana edad, el desarrollo natural del cuerpo se puede ver detenido y afectado.

El alisado permanente del cabello puede generar enrojecimiento, escamación, quemaduras, cicatrices en el cuero cabelludo y calvicies permanentes. El uso de cremas blanqueadoras de la piel también genera efectos no deseados en las mujeres, como la descoloración de la piel, la proliferación de cicatrices oscuras, irritación e inflamación cutánea, resequedad de la piel y escozor. De igual forma, estos productos pueden generar afecciones de mayor gravedad, como una reducida resistencia contra las infecciones bacterianas y micóticas, así como daños en el sistema renal.

Pero la realización de intervenciones quirúrgicas electivas con fines estéticos también pueden tener como consecuencia cambios en la pigmentación, quemaduras, grumos en la piel, marcas y cicatrización patológica (queloides). Así mismo, procedimientos estéticos infructuosos pueden dar como resultados deformidades, asimetrías, perforaciones y desfiguración. También son frecuentes las complicaciones perioperatorias, como hemorragias, embolismo pulmonar, mutilaciones e infecciones.

En el caso de los implantes mamarios, su colocación siempre ha estado rodeada de polémica y sospechas.[178] Según Jorge Díaz (2015), en el año

177 "El estiramiento facial, el *lifting*, es la intervención más demandada para intentar suavizar las marcas de expresión que van cincelando la edad en el rostro. Su problema es que hay que renovarlo con cierta frecuencia, de modo que con el tiempo se va limitando la movilidad de los rasgos: la cara aparece más lisa, pero también más inexpresiva, hasta que termina asemejándose a una especie de máscara. Una máscara que comparten todas las mujeres de edad que han abusado de esas intervenciones de estiramiento, y que conlleva cierto grado de desindividualización" (Altuna, 2010, p. 63).

178 El negocio de los implantes mamarios es eterno, porque las mujeres se realizaran operaciones de este tipo varias veces a lo largo de su vida. En la mayoría de los casos, se recomienda que los implantes sean sustituidos cada 8 a 12 años, pero algunas mujeres se someten a nuevas operaciones para aumentar periódicamente el tamaño, mientras que

1992, la FDA norteamericana prendió las alarmas y prohibió los implantes bajo sospecha de fragilidad, permeabilidad, carcinogénesis y asociación con enfermedades sistémicas autoinmunes. En 1999, el Instituto médico de la academia nacional de ciencias norteamericana (IOM) y el Instituto nacional de artritis, enfermedades cutáneas y músculo esqueléticas reconocieron en un informe que los implantes mamarios sí suponen riesgos para las mujeres, pero la principal preocupación son las complicaciones locales y perioperatorias como: accidentes anestésicos, dolor, seromas, hematomas, infecciones, extrusiones, cicatrices, cápsulas retractiles, calcificaciones, roturas, migraciones e insatisfacciones estéticas. Pero en este informe descartaron la relación de los implantes con la génesis de cáncer, enfermedades sistémicas y del tejido conectivo: reumáticas, esclerodermia y lupus; pese a ello, la prohibición se mantuvo hasta el año 2006.

Al respecto, Jorge Díaz en su ensayo *Implantes mamarios, estado de la cuestión* recoge algunos de los resultados de las investigaciones de Jong (2008), la FDA (1997-2010) y Garry (2015), en las cuales se reconoce la existencia de una asociación entre el linforma anaplástico de células grandes (LACG) y los implantes mamarios; sin embargo, afirma que la incidencia es muy baja para teorizar etiología e índice de riesgo. No fue sino hasta 2019 que, nuevamente, se encendieron las alarmas cuando las autoridades estadounidenses pidieron al gigante farmacéutico Allegran que retirase del mercado sus implantes mamarios texturizados de tipo Biocell,[179] por estar vinculados a una forma de cáncer del sistema inmunitario, por el cual la FDA ha contabilizado 33 fallecimientos en el mundo.

Otro de los procedimientos de gran peligrosidad es la inyección de biopolímeros en distintas zonas del cuerpo,[180] principalmente en los glúteos, las caderas y los senos, pues la sustancia supone una gran

otras vuelven a acudir al quirófano para realizar cirugías correctivas cuando algo ha salido mal (se ha movido el implante, se ha reventado, se ha vaciado o se ha unido al otro implante).

[179] Pese a la gravedad de esta situación, "Estados Unidos no recomienda a las mujeres que ya tienen implantes que se los hagan quitar, ya que el riesgo de la operación se considera más alto que el peligro, relativamente bajo, de padecer cáncer" ("Estados Unidos pide la retirada de implantes mamarios del fabricante Allergan", *La Nación*, 24 de julio de 2019).

[180] En el caso de Venezuela, donde la realización de estos procedimientos son muy comunes, según la Sociedad Venezolana de Cirugía Plástica Reconstructiva Estética y Maxilofacial (SVCPREM), hasta un 30% de las mujeres entre los 18 y 50 años se han inyectado biopolímeros; y si bien no hay cifras exactas, la SVCPREM estima que al menos una docena de mujeres mueren cada año en el país como consecuencia de estas inyecciones ("Los peligros de inyectarse silicona en las nalgas", *BBC*, 21 de abril de 2014).

dificultad para retirarla del organismo, ya que se adhiere a músculos y tejidos, dañando otros órganos y funciones del cuerpo.[181]

> Al entrar en contacto con el tejido receptor, pueden desencadenar una excesiva reacción inflamatoria local, proporcional al peso molecular de la sustancia infiltrada. Además, existe la posibilidad de que estas sustancias migren a distancia del sitio de aplicación, pudiendo comprometer órganos vitales e incluso llegar a provocar la muerte. La reacción tisular frente a la infiltración de este tipo de productos se puede presentar de forma aguda o incluso tardía, estando descritos casos de complicaciones aparecidas hasta 25 años después. (Duarte y otros, 2016, 386)

Adicionalmente, como señalan Duarte y otros (2016), para moldear el cuerpo se ha popularizado la utilización de materiales ilícitos como el guayacol, la silicona líquida, el aceite mineral (parafina, vaselina líquida, petrolato), el aceite vegetal, la grasa animal, el colágeno bovino y las microesferas de metacrilato en suspensión de dimetil polisiloxano, las siliconas impuras o industriales, el aceite de automóvil, los aceites de oliva, de castor, de algodón, de ajonjolí, de girasol, de sésamo, de alcanfor y de soja, el ácido ricinoleico, la lanolina y la cera de abeja.

No obstante, como bien afirma Alejandro Duarte, la inyección de estos productos puede provocar diferentes consecuencias que pueden ser de tipo locales o sistémicas, entre las cuales es posible considerar reacciones inmediatas como el sangrado intradérmico, oclusión arterial, necrosis focal, embolia, pápulas, discromía, eritema, equimosis, edema y reacciones de hipersensibilidad; así como reacciones tardías como la aparición de nódulos, dolor, equimosis, pigmentación, prurito, siliconomas, celulitis,

---

[181] Un ejemplo de ello es el caso de la cantante mexicana Alejandra Guzmán, quien en el año 2009 acudió a una clínica estética para realizarse un aumento de glúteos, pero le inyectaron biopolímeros; esto le trajo como consecuencia severos problemas de salud que ameritaron la realización de 28 cirugías en un periodo de 7 años para retirarle el material tóxico y devolverle la calidad de vida. También es posible considerar el caso de la modelo y presentadora colombiana Jessica Cediel, a quien un médico le inyectó biopolímeros en los glúteos y desde hace 10 años ha debido someterse a 4 cirugías para retirarse los biopolímeros que le han migrado a distintas partes del cuerpo. Pero pese a poner su vida en riesgo, el médico responsable fue absuelto por las autoridades, y un juzgado estableció en 2019 que la modelo Jessica Cediel debía retractarse de los señalamientos y acusaciones que hizo en contra del médico porque afectaron su buen nombre y honra ("Jessica Cediel deberá retractar acusaciones contra médico que le inyectó biopolímeros", *RCN Radio*, 12 de julio de 2019).

abscesos estériles, linfedema y la migración del material desde el lugar donde fue infiltrado inicialmente.

Así mismo, los trastornos alimenticios, el consumo de productos farmacológicos y la realización de procedimientos estéticos invasivos han traído como consecuencia la muerte de una cantidad importante de mujeres, quienes perecen como consecuencia de las complicaciones provocadas por las restricciones alimentarias, así como durante o posterior a la realización de procedimientos quirúrgicos. No obstante, cuando una mujer muere en estas circunstancias, rápidamente es responsabilizada y culpablizada por lo ocurrido, porque no hay un agresor explicito que le quitó la vida, porque en apariencia ella tomo la decisión de someterse al referido procedimiento para cambiar y mejorar su aspecto físico;[182] sin embargo, esta narrativa invisibiliza los diferentes agentes socializadores, instituciones, industrias y personas que participan del negocio de la belleza, así como aquellas que han influido, bombardeado y presionado a la mujer a someterse a la modificación estética.

Estos hechos han creado las condiciones para que desde distintos ámbitos se tomen algunas tímidas acciones para prevenir e intentar minimizar el impacto del mensaje alienante de la industria de la belleza. Al respecto, es posible mencionar que en el año 2006, tras la muerte de la modelo Luisel Ramos, el gobierno español en articulación con representantes de la industria de la moda tomaron la decisión de no convocar ni aceptar modelos extremadamente delgadas en la semana de la moda madrileña, el Cibeles Madrid *Fashion Week*. De este modo, la medida establecía que las modelos debían tener, por lo menos, un índice de masa corporal (IMC) de 18;[183] adicionalmente, se ha prohibido la participación de menores de 18 años y se ha establecido que el maquillaje de las

---

[182] Así mismo, también es importante mencionar que pese a los múltiples casos registrados, reseñados por los medios de comunicación y los testimonios existentes al respecto, es tan fuerte la penetración de los cánones de belleza en las mujeres y la influencia de los medios de comunicación y diversos agentes socializadores que aún es común escuchar en las mujeres afirmaciones como "no me va a pasar a mí", "eso solo pasa en los sitios clandestinos", "prefiero morirme pero con mis implantes"; es decir, el bombardeo ha sido tan eficaz que las mujeres están dispuestas a morir por los ideales de belleza implantados en la sociedad.

[183] "La Pasarela Cibeles ha rechazado para su próxima cita a un 30% de las modelos que desfilaron en la pasada edición, al no ajustarse a los parámetros marcados por la Comunidad de Madrid para ofrecer un aspecto saludable, en torno a un 18% de masa corporal, es decir, unos 56 kilos para una estatura de 1,75" ("La Pasarela Cibeles rechaza al 30% de las modelos por estar extremadamente delgadas", *El País*, 07 de septiembre de 2006).

chicas no simule rostros demacrados. Meses más tarde, los principales diseñadores de la moda italiana se negaron a contratar para sus desfiles a modelos talle 0;[184] sin embargo, estas medidas parecen haber quedado en simples enunciados, pues las modelos de apariencia anoréxica siguieron apareciendo en los desfiles de España y del mundo.

En el año 2007, la reconocida firma de ropa Nolita convocó a la francesa Isabelle Caro (quien padecía de anorexia crónica)[185] para que con su esquelética figura protagonizara la campaña publicitaria "No-Anorexia", con el fin de concientizar sobre el horror de la anorexia durante la semana de la moda en Milán. Sin embargo, esta campaña ha sido criticada por algunos sectores sociales e investigadoras como Yolanda Cabrera (2010), quien en su ensayo *El cuerpo femenino en la publicidad. Modelos publicitarios: entre la belleza real, la esbeltez o la anorexia* afirma que este tipo de campañas no son positivas para ayudar a estas enfermas, pues la publicidad dirigida a este tipo de público debe basarse más en la prevención que en la dramatización extrema de mostrar cuerpos tan delgados.

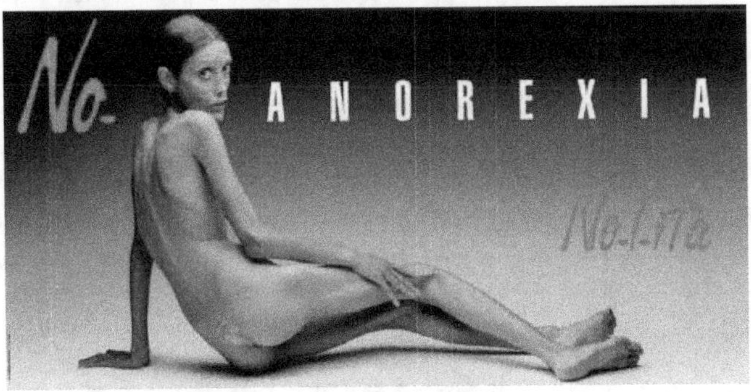

Isabelle Caro, campaña publicitaria "No-Anorexia".

[184] Sin embargo, estas medidas no suponen una erradicación de los estereotipos de belleza ni la transformación de la industria de la moda, por el contrario, no son más que la creación de un chivo expiatorio, de alguien a quien cortar la cabeza cuando las cosas salen mal. En este caso se opta por dejar sin empleo a unas mujeres con trastornos dismórficos corporales y alimenticios que han sido enfermadas por los estereotipos de belleza y por las exigencias de la industria de la moda, que en la mayoría de los casos las han convertido en anoréxicas, y que ahora las responsabilizan y excluyen para evadir la responsabilidad ante las consecuencias de los mensajes y actuaciones de una industria que se enriquece a partir del sufrimiento y las inseguridades de las mujeres.

[185] Isabelle, cuya dieta diaria consistía apenas en unos tragos de coca-cola *light*, dos tacitas de té, algo de chocolate y dos pastelitos de fresa, no pudo superar "la era de la anorexia" y murió a los 28 años el 17 de noviembre de 2010.

En el año 2008, según reseña Lux Moreno (2016), Argentina sanciona la Ley 26.396, donde se declara de interés nacional la prevención y control de trastornos alimentarios, se asegura la posibilidad de apelar a tratamientos como el *bypass* gástrico y se incorpora la regulación de propagandas de alimentos de bajas calorías.

En el caso de la masiva aplicación de biopolímeros, en el año 2012 en Venezuela se aprobó la Resolución Número 152, mediante la cual se prohíbe el uso de aplicación de sustancias de relleno (biopolímeros, polímeros y otros afines) en tratamientos con fines estéticos. Esta normativa fue emulada por Perú, país que en el año 2015 aprobó la ley que prohíbe la comercialización, uso y aplicación de sustancias de relleno denominadas biopolímeros y afines en tratamientos corporales con fines estéticos.[186]

En 2012, Israel aprobó la denominada "ley photoshop" (que obliga a visibilizar que una imagen ha sido editada) y prohibió que desfilaran las modelos con un IMC más bajo de 18,5. En el año 2015, Francia también se sumó a los países que intentan neutralizar el impacto negativo de los cánones de belleza en lo que refiere a la integridad psicológica y física de las mujeres; por ello aprobó una ley que obliga a revistas, páginas web y campañas publicitarias a informar que una fotografía ha sido retocada a través de un *software*. Adicionalmente, este país también ha aprobado una ley en la cual se establece la exigencia de que quienes se desempeñen como modelos presenten un certificado médico acreditando un buen estado de salud y probar que no están demasiado delgadas;[187] de no exigirlo, los miembros de las agencias de modelaje o revistas arriesgan condenas que van desde multas —que sobrepasan los 75.000 euros— hasta penas de cárcel.

Así mismo, desde el año 2013, y bajo el argumento de que estos eventos promueven la violencia y discriminación contra la mujer, en varias ciudades y países del mundo se vienen eliminando los concursos de belleza y la elección de reinas, princesas y *misses*; certámenes que generalmente se

---

[186] Lamentablemente, estas normativas no lograron trascender su dimensión enunciativa, pues los Estados no se han encargado de monitorear de forma efectiva, eficiente y oportuna su cumplimiento, por lo cual estos procedimientos continúan realizándose en la clandestinidad y con total impunidad.

[187] "El documento debe acreditar que «el estado de salud global de la persona (...) evaluado mediante su índice de masa corporal (IMC) le permite ejercer su actividad como modelo». La Organización Mundial de la Salud (OMS) considera a una persona excesivamente delgada cuando su IMC —la relación entre peso y estatura— es inferior a 18,5. Y distingue entre delgadez ligera (entre 17,8 y 18,5), moderada (entre 16 y 17) y severa (por debajo de 16)" ("Francia obligará a avisar qué fotos de modelos han sido retocadas", *El País*, 05 de mayo de 2017).

realizan bajo el auspicio y financiamiento de organismos nacionales, provinciales o municipales, así como en el contexto de festividades locales.

En el año 2013, el Parlamento francés votó a favor de una reforma para prohibir los concursos de belleza infantil dirigidos a menores de 16 años, en un intento por evitar la hipersexualización de las menores; además, estableció que aquellos que organicen este tipo de certámenes se enfrentarán hasta a dos años de prisión y a multas de alrededor de 30.000 euros.

Pero en el caso de América Latina, este tipo de medidas han enfrentado más resistencia. En Colombia, en el año 2014, una parlamentaria presentó un proyecto de ley ante el Congreso para prohibir los concursos de belleza infantil tras el escándalo suscitado por el concurso de belleza infantil conocido como "Miss Tanguita"; sin embargo, la propuesta no fue aprobada. En Argentina, entre los años 2014 a 2019, estos concursos han sido eliminados en Chivilcoy, Santa Fe, partido de Olavarría, La Pampa, General Roca y San Juan. En Ecuador,[188] entre 2018 y 2019, se han eliminado los certámenes de belleza en las ciudades de Latacunga, Otavalo, Loja, Ibarra y Quito. Por su parte, en La Paz, Bolivia, durante el año 2018 se prohibió la elección de reinas de belleza a niñas o adolescentes en escuelas o fiestas barriales para evitar la hipersexualización o erotización prematura.

Por su parte, Sudáfrica ha adoptado leyes más severas contra los blanqueadores de piel, mientras que Gambia, Costa de Marfil y Ruanda prohibieron durante 2019 los productos que contienen hidroquinona, pues, para reducir la producción de melanina, produce daños cutáneos permanentes. Además, señala un reportaje de la BBC (2019) que para combatir los estereotipos racistas que llevan a las mujeres al consumo de productos riesgosos y perjudiciales para blanquear la piel, se están desarrollando numerosas campañas; entre estas, se puede mencionar la iniciativa "Ser oscura es bello", que exhorta a las mujeres indias a rechazar los blanqueadores de piel; la campaña "No tienes que tener la piel blanca para ser hermosa", promovida en Paquistán por la organización UnFair & Lovely; y el proyecto desarrollado en Estados Unidos por The

---

[188] En el año 2015, la Defensoría del Pueblo de Ecuador emitió una resolución luego de conocer a través de un medio de comunicación la realización del concurso de belleza Niña Ecuador, cuyo objetivo era escoger a una ganadora para que representara al país en Niña Universo 2015. Adicionalmente, inició un proceso de investigación defensorial con el fin de precautelar el bienestar integral de las niñas, niños y adolescentes, y exhortó a los organizadores de los eventos Niña Ecuador y *Miss Teen* Ecuador a que no realicen más concursos de este tipo y que retiren de la web (página oficial y redes sociales) las fotografías e imágenes sensualizadas que atentan contra la intimidad de las niñas y adolescentes.

Beautywell Project, que tiene el objetivo de acabar con la práctica de aclarar la piel entre la comunidad de inmigrantes somalíes.

En el Reino Unido, desde el año 2019, se prohíben los estereotipos de género en la publicidad, entre estos aquellos anuncios que relacionen características físicas con el éxito romántico o social. Para el mismo año, Argentina aprueba la ley de talles, la cual busca establecer un sistema de medidas corporales estandarizadas para la fabricación, confección, comercialización o importación de indumentaria destinada a la población a partir de los 12 años de edad. La referida ley también apunta a atender enfermedades como la bulimia y la anorexia; al mismo tiempo que incorpora medidas contra la discriminación: "Los establecimientos comerciales de venta de indumentaria de moda y textiles deberán garantizar condiciones de atención y trato digno y equitativo a los consumidores" y "deberán abstenerse de desplegar conductas que coloquen a los consumidores en situaciones vergonzantes, vejatorias o intimidatorias".[189]

Sin embargo, estas iniciativas estatales y empresariales siguen desarrollándose de forma esporádica, aislada y la más de las veces en respuesta a situaciones de carácter coyuntural, carentes de una perspectiva o voluntad de transformación estructural. El abordaje de esta problemática continúa realizándose desde una perspectiva individualizante, en la cual se apela a la auto aceptación y la autoestima de las mujeres para combatir los ideales de belleza y sus consecuencias. Esta perspectiva obvia y desatiende la influencia y responsabilidad de los medios de comunicación, de los agentes de socialización y de la industria de la belleza en el proceso de construcción de los cánones de belleza; así como el bombardeo con los estereotipos y las exigencias en los diferentes ámbitos de la vida cotidiana para satisfacer las expectativas estéticas impuestas a las mujeres por el patriarcado.

De acuerdo con ello, es posible afirmar que la respuesta a este problema no es el discurso romántico de la autoaceptación y el fortalecimiento de la autoestima, por el contrario, es el desmontaje de las estructuras que fragmentan el cuerpo, que lo fetichizan, que lo convierten en mercancía. La respuesta es la desarticulación y la deconstrucción de los roles y estereotipos de género, del canon de belleza, y, por supuesto, de la industria que se lucra a partir de los complejos, las inseguridades y la insatisfacción corporal que ellos mismos han creado.

---

[189] "Por la primera ley nacional de talles, los fabricantes deberán hacer ropa adecuada para «cuerpos argentinos»", *Clarín*, 21 de noviembre de 2019.

Consideraciones finales

Según la mitología griega, cuando el hermoso, egocéntrico y arrogante Narciso rechazó a la ninfa Eco —quien lo amaba con devoción—, ella enloqueció, y en castigo Narciso fue condenado a adorar su propia imagen y a perecer por ello. Este mito pone en evidencia que desde tiempos inmemorables la belleza de los hombres ha sido rechazada, fuertemente cuestionada, pero sobre todo, socialmente condenada y sancionada al considerarla un atributo exclusivamente femenino.

Pero estos hombres que se prohibieron a sí mismos la belleza fueron quienes definieron lo qué es bello y lo qué no, quienes crearon e impusieron la belleza como una obligación social y moral de las mujeres, quienes han dicho cómo alcanzar esa belleza, así como cuándo esta es permitida y cuándo debe ser repudiada. Además, en el contexto de una sociedad patriarcal donde las mujeres han estado sujetas a numerosas sanciones, prohibiciones e imposiciones, los hombres se erigieron como los beneficiarios de la belleza femenina, como consumidores de ella para la satisfacción de sus imaginarios, pero también como acreedores de las arcas del capital que esta belleza femenina produce.

Así mismo, este canon de belleza creado, divulgado e institucionalizado por los hombres para las mujeres no ha sido invariable o estático, por el contrario, se ha modificado periódicamente de acuerdo a los intereses masculinos en las diferentes etapas del proceso histórico social, pero también a razón de diversos intereses de carácter económico en el contexto de determinados escenarios políticos y socioculturales. Pese a ello, el canon de belleza siempre ha mantenido unos criterios o premisas máximas: una mujer para ser considerada bella debe ser necesaria e imprescindiblemente joven, blanca y delgada.

En la actualidad, prevalece la belleza construida en torno a criterios sexistas, racistas, gerontofóbicos y gordofóbicos, lo cual se manifiesta en la coexistencia de dos cánones de belleza, el de la *pin-up* voluptuosa, sensual, mujer fatal y erotizada, y el de la modelo/*miss* de apariencia púber pero anoréxica. Estos cánones de belleza son difundidos, reforzados y cotidianizados por el cine, la televisión, las revistas, la publicidad, la pornografía, la industria discográfica, la literatura, los videojuegos, los dibujos animados y las redes sociales; mediante la imagen seriada, masificada, manipulada y retocada de actrices, modelos, cantantes y *socialités* que responden a los cánones de belleza construidos a partir de las demandas estéticas impuestas por la masculinidad.

Además, en estos discursos y representaciones cinematográficas, televisivas y publicitarias con frecuencia se descalifica a las mujeres por su físico, y se enfatiza de forma reiterada y recurrente en su supuesta fealdad, su gordura, su negritud y su vejez. Incluso, en estos contenidos de gran alcance y difusión, la no adecuación a los cánones de belleza aparece como un habilitador de la violencia, la discriminación, el rechazo, el desprecio, la indiferencia, el *bullying* y las bromas crueles; las cuales son reproducidas en la vida cotidiana por la familia, los grupos de pares y la pareja. Agresiones que con frecuencia son justificadas con la idea de que las mujeres que no son bellas y flacas es porque no quieren, porque no lo intentan, porque no se esfuerzan, porque no se ejercitan, porque no comen saludablemente, o simplemente porque no gastan en los productos y servicios que les permiten responder a los cánones de belleza imperante, pues en la sociedad contemporánea la belleza está al alcance de la mano, de este modo puede ser comprada y por tanto consumida.

Estos discursos y prácticas en una sociedad que les ha enseñado a las mujeres que lo más valioso que pueden poseer es la belleza, sin lugar a dudas crean las condiciones para su desvalorización y desmoralización, produciendo depresión, sentimientos de culpa, vergüenza, autodesprecio, asco y odio sobre sí mismas. Situación que también es experimentada por las mujeres que —por lo precarizado de sus ingresos— se encuentran imposibilitadas para realizar cuantiosos gastos en los productos y servicios ofrecidos por la industria cosmética y quirúrgica; y, al no tener la posibilidad de costear el ideal de belleza, se sienten disminuidas en su feminidad.

Pero estas narrativas no solo insisten en socializar a las mujeres con la idea de que la belleza es el medio por excelencia para la realización y expresión de la feminidad; sino que también se promociona la belleza canónica como proveedora del éxito económico, social y afectivo. Este hecho, aunado al bombardeo de los estereotipos de belleza y la devaluación psicológica de las mujeres, es aprovechado y explotado por las industrias cosméticas, farmacológicas y quirúrgicas, las cuales mercantilizan el sufrimiento de las mujeres, conspiran para que consuman los productos y servicios que les venden la ilusión de la belleza, al mismo tiempo que las llevan a pagar para ser mutiladas en la interminable búsqueda de un ideal de belleza irreal e inalcanzable.

De acuerdo con ello, y para satisfacer las expectativas de belleza demandadas, en las diferentes épocas, organizaciones y clases sociales, las mujeres han sucumbido al consumo de los productos y servicios que les permitan materializar la tan ansiada belleza; es decir, que las mantengan jóvenes, delgadas, blancas y femeninas, mediante diversas prácticas y artilugios que van desde la lógica decorativa, la ortopedia, hasta la reestructuración quirúrgica.

Entre estos, es posible considerar la vestimenta, los productos cosméticos para evitar o eliminar las arrugas, las ojeras, las bolsas, los granos, la celulitis, las estrías y la flacidez, las cremas para blanquear la tez y desaparecer manchas cutáneas, el maquillaje para el rostro como el lápiz labial, de ojos, de cejas, el colorete, el rímel, las sombras de ojos, las pestañas postizas, la tintura para el cabello, las extensiones, las pelucas y los alisados, las fajas y los rellenos, el entrenamiento *fitness*, los fármacos adelgazantes y supresores del apetito, las cirugías como la rinoplastia, la liposucción, los implantes de senos y de glúteos, pero también el sometimiento a procedimientos estéticos invasivos de uso no médico, como la aplicación de biopolímeros y otras sustancias de gran peligrosidad.

Empero, esta obsesión por la belleza y el consumo de productos y servicios de la industria cosmética, farmacológica y quirúrgica está dejando grandes secuelas en la vida, los cuerpos y la psique de las mujeres. Por una parte, están aniquilando simbólicamente a las mujeres al cosificarlas y reducirlas a representaciones de carácter ornamental, al alejarlas intencionalmente de las cosas importantes, de los espacios de poder y decisión, así como de la organización y lucha por sus derechos; pero también están contribuyendo a su aniquilamiento físico, pues cada vez más mujeres están padeciendo trastornos alimenticios como la anorexia y la bulimia, así como trastornos dismórficos corporales que las llevan a la realización de procedimiento invasivos y cirugías electivas que las exponen a quemaduras, cicatrices, daños en los tejidos, mutilaciones e incluso a la muerte.

Ante ello, algunos Estados y grandes empresas del mundo comienzan a tomar medidas y desarrollar iniciativas tendentes a minimizar el impacto negativo del mensaje alienante de la industria de la belleza; entre estas ,es posible considerar la regulación del peso mínimo de las modelos, la exigencia de declarar cuando una fotografía ha sido editada digitalmente, la prohibición de la aplicación de biopolímeros y otras sustancias de uso no médico con fines estéticos, la prohibición de la comercialización de cremas blanqueadoras de la piel, la progresiva eliminación de concursos de belleza, la realización de campañas de concientización sobre los efectos de los estereotipos de belleza, así como de promoción de la autoaceptación y autovaloración de la imagen personal.

No obstante, si bien estas iniciativas son necesarias, continúan siendo insuficientes, pues son realizadas de forma tímida, aislada y esporádica, parten de una perspectiva individualizante, obvian la influencia y la responsabilidad de las grandes estructuras sociales y las industrias que participan en dicho proceso, al mismo tiempo que no apuntan a la deconstrucción de los estereotipos de belleza y la minimización de la modificación estética. Para avanzar en esta dirección y revertir esta preocupante y amenazante situación, es necesario el fortalecimiento de estas iniciativas ya aprobadas e implementadas, su expansión a otros países donde no han sido desarrolladas, aunado al diseño, implementación y seguimiento de acciones, prácticas y mecanismos entre las cuales es posible recomendar *grosso modo*:

1. Diseñar e implementar políticas públicas concretas, dirigidas a desarticular y deconstruir los roles de género y los estereotipos sexistas que prevalecen en nuestras sociedades, los cuales continúan institucionalizando la idea de la belleza canónica como una condición intrínsecamente femenina.
2. Crear observatorios de los discursos y representaciones de las mujeres en los medios de comunicación y difusión masiva, a fin de identificar los mensajes que reproducen estereotipos de belleza y presionan a las mujeres a la modificación estética; con el fin de exigir a los medios de comunicación el diseño y divulgación de discursos y representaciones no cosificadas y estereotipadas de las mujeres, que les permitan encontrar referentes positivos y saludables con los cuales identificarse.
3. Reglamentar la producción, comercialización y promoción de productos y cosméticos de belleza, la prohibición de productos que ponen en riesgo la vida de las mujeres como los fármacos supresores del apetito y los blanqueadores de la piel, así como la prohibición y penalización de la realización de procedimientos estéticos sin la certificación necesaria o la aplicación de productos de uso no médico con fines estéticos. Así mismo, se hace necesario avanzar en la regulación de las cirugías cosméticas, garantizar el cumplimiento de la normativa jurídica y sanitaria en la materia, la calidad de los materiales utilizados, así como velar porque las mujeres que se sometan a ellas sean debidamente informadas sobre los riesgos asociados.
4. Proporcionar atención psicológica y asesoría legal a las mujeres víctimas de violencia estética en el contexto de las relaciones de pareja, víctimas de discriminación por su apariencia física

en diferentes espacios e interacciones de la vida cotidiana, así como a las víctimas de procedimientos estéticos infructuosos o negligentes.

5. Divulgar las experiencias y testimonios de quienes han tenido consecuencias de carácter físico y psicológico, producto de los trastornos alimenticios, los trastornos dismórficos corporales y los procedimientos de modificación estética, a fin de concientizar a otras mujeres y evitar la propagación de dichas situaciones.
6. Trascender el discurso de la aceptación, el autorreconocimiento y el orgullo en las políticas e iniciativas dirigidas a erradicar los estereotipos de belleza y su impacto negativo en la vida de las mujeres, pues la aceptación y el autorreconocimiento no transforman la situación social de vulnerabilidad de las mujeres en el contexto del patriarcado, así como tampoco evitan que sean discriminadas ni garantiza que sean socialmente aceptadas.

Adicionalmente, y sin que esto signifique una justificación para la evasión de la responsabilidad del Estado ante esta problemática o el deslizamiento de la misma a las organizaciones no gubernamentales y las individualidades, desde el feminismo, es importante trabajar en el proceso de visibilización de la belleza como un instrumento de dominación patriarcal que aleja a las mujeres de los espacios de poder, organización y liderazgo político, económico y social. Así mismo, se hace necesario avanzar en el proceso de deconstrucción de los perjuicios, estereotipos y roles sexistas que imponen a las mujeres la belleza como garantía de su feminidad, que las reducen a la condición de mero objeto ornamental para la exhibición de los hombres, así como denunciar la explotación de las mujeres por parte de la industria de la belleza, que las convierte en consumidoras de las industrias cosméticas, farmacológicas y quirúrgicas.

Finalmente, es necesario trabajar individual y colectivamente en los diferentes espacios de socialización, divulgación, intervención y acción social, a fin de promover en los diferentes ámbitos de la vida cotidiana el cuestionamiento de los patrones de belleza impuestos, el desarrollo de narrativas y mecanismos que permitan a las niñas, las adolescentes y las mujeres la puesta en práctica de resistencia frente al mensaje alienante y mediatizado de la sociedad contemporánea; así como la construcción de una feminidad no mediada por los roles de género, los estereotipos de belleza y la violencia estética.

Referencias bibliográficas

Acerbi, N. (2009). Orígenes de la cirugía plástica. Padres, pioneros y otros más. *Revista de Salud Pública, XIII*(2), pp. 47-52.

Agudelo, P. (2015). Cuerpos ideales/ deformaciones naturales: una aproximación a la concepción de arte y sus transformaciones en el imperio nuevo (Egipto). *Revista calle 14, 10*(16), pp. 138-149.

Altuna, B. (2010). *Una historia moral del rostro*. Valencia: Editorial Pre-Textos.

Alvarado, V. y Sancho, K. (2011). La belleza del cuerpo femenino. *Wimb Lu. Revista Electrónica de Estudiantes de la Escuela de Psicología de la Universidad de Costa Rica, 6*(1), pp. 9-21.

Aristóteles (1997). *Metafísica*. Valparaíso: Escuela de Filosofía Universidad ARCIS.

Bedman, T. (2016). *La belleza en el Antiguo Egipto*. Madrid: El Mundo.

Berger, J. (2006). *El sentido de la vista*. Madrid: Alianza Editorial.

"Blanqueamiento de la piel: los riesgos que toman millones de mujeres en el mundo por usar las peligrosas cremas". (4 de julio de 2019). *BBC News*, Londres.

Blázquez, G. (2011). Hacer belleza. Género, raza y clase en la noche de la ciudad de Córdoba. *Astrolabio*, (6), pp. 127-157.

Bougnoux, D. (1998). *Introducción a las ciencias de la comunicación*. Buenos Aires: Nueva Visión.

Bourdieu, P. (1971). *Sociología del arte*. Buenos Aires: Ediciones Nueva Visión.

Bourdieu, P. (2003). *Capital cultural, escuela y espacio social*. Buenos Aires: Siglo XXI Editores.

Branciforte, L. (2007). De la mística de la feminidad al mito de la belleza. En J. Estévez y M. Estévez (eds.), *Escritoras y pensadoras anglosajonas: otras voces y otras lecturas (siglos XVII al XX)*, pp. 103-113. Sevilla: Arcibel Editores.

Cabrera, Y. (2010). El cuerpo femenino en la publicidad. Modelos publicitarios: entre la belleza real, la esbeltez o la anorexia. *Revista Ícono*, (*14*)8, pp. 223-243.

"California, el primer estado de EE.UU. en prohibir la discriminación por el pelo". (8 de julio de 2019). *BBC News*, Londres.

Casagrande, C. (2018). La mujer custodiada. En G. Duby y M. Perrot (eds.), *Historia de las mujeres*. Tomo 2, pp. 84-121. Madrid: Taurus.

Contreras, L. (2016). Cuerpos sin patrones, carne indisciplinada. Apuntes para una revuelta gorda contra la policía de la normalidad corporal. En L. Contreras y N. Cuello (eds.), *Cuerpos son patrones. Resistencias desde las geografías desmesuradas de la carne*, pp. 23-35. Buenos Aires: Editorial Madreselva.

"Críticas a Emma Watson por su «blanca» piel". (30 de marzo de 2016). *Vanguardia*, Ciudad de México.

Dalarun, J. (2018). La mujer a ojos de los clérigos. En G. Duby y M. Perrot (eds.), *Historia de las mujeres*. Tomo 2, pp. 24-52. Madrid: Taurus.

Da Vinci, L. (2006). *Grandes maestros de la pintura*. Barcelona: Editorial Sol 90.

De la Cruz, S. (2015). Los cánones de belleza en el arte Griego y su comparación en el film *Precious*. *Creación y Producción en Diseño y Comunicación [Trabajos de estudiantes y egresados]*, (68), pp. 109-123.

Delporte, H. (1993). *L'image féminine paléolithique*. París: CNRS Éditions.

Díaz, J. (2015). Implantes mamarios, estado de la cuestión. *Revista Colombiana de Cirugía Plástica y Reconstructiva*, *21*(1). Disponible en https://www.ciplastica.com.

Duarte, A. *et al.* (2016). Complicación tardía tras infiltración de biopolímeros en glúteos. *Cirugía Plástica Ibero-Latinoamericana*, *42*(4), pp. 385-389.

Eco, U. (2010). *Historia de la belleza*. Barcelona: Debolsillo.

"El arte del maquillaje en la antigua Roma". (24 de octubre de 2016). *National Geographic*, Madrid.

"El discurso de la ganadora del oscar Lupita Nyong'o sobre la belleza dejó a una audiencia completamente en silencio". (04 de marzo de 2014). *UPSOCL*.

"Entrevista con Mia Khalifa: «Quería hacer porno como mi pequeño y sucio secreto, pero me explotó en la cara»". (27 de agosto de 2019). *BBC News*, Londres.

Esqueda, S., Hernández, L. y Herrera, C. (2011). La belleza es otra cosa. *Debates IESA*, *XVI*(1), pp. 24-27.

"Estados Unidos pide la retirada de implantes mamarios del fabricante Allergan". (24 de julio de 2019). *La Nación*, San José.

Esteban, M. (2013). *Antropología del cuerpo. Género, itinerarios corporales, identidad y cambio*. Barcelona: Edicions Bellaterra.

Firestone, S. (1976). *La dialéctica del sexo*. Barcelona: Editorial Kairós.

"Francia obligará a avisar qué fotos de modelos han sido retocadas". (5 de mayo de 2017). *El País*, Madrid.

Freedman, R. (1991). *Amar nuestro cuerpo*. Barcelona: Editorial Paidós, Barcelona.

García, E. y García, I. (2004). Los estereotipos de mujer en la publicidad actual. *Questiones publicitarias*, *I*(9), pp. 43-64.

Goffman, E. (2006). *Estigma*. Buenos Aires: Amorrortu Editores.

"Graparse la lengua para adelgazar". (14 de marzo de 2015). *El País*, Madrid.

Greer, G. (2001). *La mujer completa*. Barcelona: Editorial Kairós.

Herrera, C. (2012). *El mito de la belleza femenina: crónicas de una tiranía posmoderna*. Ciudad: Editorial. Recuperado de https://bit.ly/2T7NNN7

Higonnet, A. (2018). Mujeres, imágenes y representaciones. En G. Duby y M. Perrot (eds.), *Historia de las mujeres*. Tomo 5, pp. 350-377. Madrid: Taurus.

Hirigoyen, M. (1999). *El acoso moral: el maltrato psicológico en la vida cotidiana*. Barcelona: Ediciones Paidós.

Hooks, B. (2005). Alisando nuestro pelo. *La Gaceta de Cuba*, (1), pp. 70-73.

Hughes, B. (2015). ¿Habrías sido hermoso en la Grecia antigua? Londres: *BBC News*.

"Jessica Cediel deberá retractar acusaciones contra médico que le inyectó biopolímeros". (12 de julio de 2019). *RCN Radio*, Bogotá.

Jiménez, A. (2003). *El cuerpo transfigurado*. Cali: Corporación Universitaria Autónoma de Occidente.

"Joven suspendida por sus trenzas y empleadores logran acuerdo". (5 de mayo de 2016). *Telemetro*, Panamá.

Knibiehler, Y. (2018). Cuerpos y corazones. En G. Duby y M. Perrot (eds.), *Historia de las mujeres*. Tomo 4, pp. 300-345. Madrid: Taurus.

Kreston, R. (2012). Ophthalmology of the Pharaohs: Antimicrobial Kohl Eyeliner. *Discover Magazine*. Disponible en https://www.discovermagazine.com.

Labad, F. (2004). Fundamentos de la estética idealista del románico. Codex aquilarensis: *Cuadernos de investigación del Monasterio de Santa María la Real*, (20), pp. 152-172.

"La negra que se volvió blanca: polémica por la venta de una nueva crema". (27 de noviembre de 2014). *El Confidencial*, Madrid.

"La Pasarela Cibeles rechaza al 30% de las modelos por estar extremadamente delgadas". (7 de septiembre de 2006). *El País*, Madrid.

Latini, C. (2019). *Adiós*. Buenos Aires: Editorial Planeta.

"La verdad sobre las feministas que «quemaron» sus sostenes hace 50 años". (8 septiembre 2018). *BBC News*, Londres.

Lipovetsky, G. (1999). *La tercera mujer*. Barcelona: Editorial Anagrama.

L'Hermitte-Leclercq, P. (2018). Las mujeres en el orden feudal (siglos XI y XII). En G. Duby y M. Perrot (eds.), *Historia de las mujeres*. Tomo 2, pp. 225-274. Madrid: Taurus.

"Los peligros de inyectarse silicona en las nalgas". (21 de abril de 2014). *BBC News*, Londres.

Marcuse, H. (1976). *Calas en nuestro tiempo*. Barcelona: Icaria Editorial.

Martínez, M. y Muñoz, A. (2015). Iconografía, estereotipos y manipulación fotográfica de la belleza femenina. *Estudios sobre el Mensaje Periodístico*, *21*(1), pp. 369-384.

Masvidal, C. (2006). La imagen de las mujeres en la prehistoria a través de las figuritas paleolíticas y neolíticas. En *Las mujeres en la prehistoria*, pp. 37-50. Valencia: Museu de Prehistòria.

Matthews, S. (2018). El cuerpo, apariencia y sexualidad. En G. Duby y M. Perrot (eds.), *Historia de las mujeres*. Tomo 3, pp. 55-96. Madrid: Taurus.

Mayor, T. (2011). La imagen de la mujer en la prehistoria y en la protohistoria. *Revista de Claseshistoria*, (10), pp. 123-144.

"Miss Sudáfrica da potente discurso como Miss Universo 2019". (9 de diciembre de 2019). *AJ+ Español*, Ciudad de México.

Moreno, L. (2016). ¿A qué edad fue tu primera dieta? En L. Contreras y N. Cuello (eds.), *Cuerpos son patrones. Resistencias desde las geografías desmesuradas de la carne*, pp. 59-68. Buenos Aires: Editorial Madreselva.

Moreno, L. (2018). Carnes que desbordan: El activismo gordx. *Revista Oleada*, recuperado de https://oleada.com.ar.

Montaño, I. (2001). Mujer, belleza y psicopatología. *Revista Colombiana de Psiquiatría*, *XXX*(4), pp. 383-388.

"Mujeres africanas y su método para aumentar sus nalgas". (28 de julio de 2019). *El Debate*, Ciudad de México.

Murolo, L. (2009). Sobre los estereotipos de belleza creados por el sistema, impuestos por los medios de comunicación y sostenidos por la sociedad. *Question*, *1*(22).

Paquet, D. (1998). *La historia de la belleza*. Barcelona: Claves.

Parsons *et al.* (1978). *La familia*. Barcelona: Ediciones Península, Barcelona.

Passerini, L. (2018). Sociedad de consumo y cultura de masas. En G. Duby y M. Perrot (eds.), *Historia de las mujeres*. Tomo 5, pp. 330-349. Madrid: Taurus.

Pérez, A., Gabino, M. y Baile J. (2016). Análisis de los estereotipos estéticos sobre la mujer en nueve revistas de moda y belleza mexicanas. *Revista Mexicana de Trastornos Alimentarios*, (7), pp. 40-45.

Pineda, E. (2011). *Roles de género y sexismo en seis discursos sobre la familia nuclear*. Buenos Aires: Acercándonos Ediciones.

Pineda, E. (2013). *Racismo, endorracismo y resistencia*. Caracas: Fundación Editorial el Perro y la Rana.

Pineda, E. (2015). *Las mujeres en los dibujos animados de la televisión*. Buenos Aires: Acercándonos Ediciones.

Pineda, E. (2015). ¿La televisión contra la discriminación? Montenegro: Wall Street International.

Pineda, E. (2016). Género, cuerpo y etnicidad: La sexualización de las mujeres afrodescendientes en América Latina. *Revista Multidisciplinaria Al Sur de Todo*, (11).

Pineda, E. (2017). *No es tu cabeza. Pelo «malo» y racismo «bueno»*. Montenegro: Wall Street International.

Pineda, E. (2019). *Racismo, estigma y vida cotidiana. Ser afrodescendiente en América Latina y El Caribe*. Buenos Aires: Acercándonos Ediciones.

Platón (2007). *El banquete*. Madrid: Editorial Espasa.

"Por la primera ley nacional de talles, los fabricantes deberán hacer ropa adecuada para «cuerpos argentinos»". (21 de noviembre de 2019). *Clarín*, Buenos Aires.

Prüssing, C. y Salazar, C. (2009). *Belleza y publicidad*. Santiago de Chile: Universidad de ARCIS.

"Radioactive Cosmetics". (26 de julio de 2016). Disponible en https://bit.ly/2QwSGh0

Reynaga, G. (2009). El cuerpo perfecto, ¿ficción o realidad? *Ideas Concyteg*, (49), pp. 743-751.

Ritzer, G. (1996). *The McDonaldization of society*. Thousand Oaks: Pine Forge Press.

Rodríguez, M. *et al.* (2000). Evolución histórica de los conceptos de belleza facial. *Ortodoncia Clínica, 3*(3), pp. 156-163.

Rojas, C. (2011). "De forma et virtude": una aproximación al concepto de belleza en la doncella medieval durante el siglo XII. *Historias del Orbis Terrarum*, (6), pp. 67-90.

Rossi, W. (1993). *The Sex Life of the Foot & Shoe*. Florida: Krieger Pub Co, Florida.

"Virgie Tovar: «Tu cuerpo está bien y no es necesario cambiarlo por otro»". (10 de septiembre de 2018). *El Salto*, Madrid.

Winks, R. (2000). *Historia de la civilización*. Ciudad de México: Pearson Educación.

Wolf, N. (1992). *El mito de la belleza*. Barcelona: Ediciones Salamandra.

Impreso por TREINTADIEZ S.A. en 2020
Pringles 521 (C1183 AEI)
Ciudad Autónoma de Buenos Aires
Teléfonos: 4864-3297 / 4862-6794

www.ingramcontent.com/pod-product-compliance
Lightning Source LLC
Chambersburg PA
CBHW060050260726
48658CB00004B/1250
9798726013978